AF600989

Traité de la Bourse et de la Spéculation.

par

L. Borel Négociant.

Prix 3 francs.

Paris.

chez l'auteur, rue Mazarine N° 54.

Mai 1835.

Lith. de S. Durin Passage Dauphine.

Introduction.

Chacun sent le besoin d'avoir un traité sur la Bourse qui expose nettement la vérité ; à peine trouve-t-on quelques élémens épars et qui ont été visiblement émis sous la dictée et l'influence de la Compagnie des Agents de Change ; dévoiler la Bourse tel est notre but qui ne saurait être que dans l'intérêt du Commerce et des personnes qui voudraient faire des opérations à terme sur les effets publics ; pour détruire l'abus il faut en faire connaître les causes et les conséquences . . Montrer comment l'Agent de Change <u>est un faux intermédiaire légal irresponsable dans les opérations à terme ordinaires</u>, et qu'en conséquence le Client ne saurait avoir d'action contre lui ni au civil ni au correctionnel. ce sera intéresser le barreau et les Agents de Change eux-mêmes à ne plus soutenir un système qui ne laisserait plus aux uns de procès à exploiter ni aux autres de Clients qui voulussent se faire exé-cuter ; d'ailleurs il ne faut pas croire que quand des erreurs aussi funestes seront mises au jour ; on veuille encore les tolérer.

Ce sera aussi le seul moyen de rallier l'aristocratie marchan-de à la noblesse ; plus ce rapprochement sera intime, plus ces deux premiers ordres de l'Etat sentiront la nécessité de former une alliance indissoluble en la personne du Monar-que ; il saute aux yeux que les circonstances de 89 n'existent plus ; si à cette époque l'intérêt de l'aristocratie marchande a pu être opposé à celui de l'aristocratie héréditaire, il ne l'est plus maintenant, puisque le système de celle-ci a changé et a suivi la pente du nouvel ordre de choses ; il faut donc savoir s'arrêter ; la noblesse est pour le moins aussi nécessaire dans une monarchie qu'une aristocratie marchande ; ces deux ordres se doivent une assistance mutuelle, car de leur union dépend la prospérité, la puissance et le salut de l'Etat. Malheu-reusement qu'on provoque les discordes et les haines parmi ceux qui devraient être les soutiens du trône et qu'on produit ainsi le relâchement des liens qui doivent unir la Nation et son Roi; nous ne nous dissimulerons pas la grandeur et la difficulté de notre tache, mais comme à aucune autre époque nous ne pourrions mieux compter sur les suffrages de tout ce qu'il y a de gens honnêtes, nous sommes bien décidés à ne point reculer.

Douze mémoires écrits depuis le mois de Juin 1834, au mois de Janvier 1835 forment la 1re partie de nos recherches; les unes forcées par des circonstances particulières résultées d'un mandat d'Agent de Change chargé d'affaires garant pour compte d'absent et qui se sont renfermées dans l'ordre de la discussion et ont suivi les développemens de celle-ci, ne sauraient avoir que fort peu d'intérêt pour le public; cependant on y verra les preuves sur lesquelles nous nous appuyons et sous ce rapport elles méritent d'être recueillies; elles remplissent presqu'exclusivement neuf mémoires dont trois sous Nos 7, 9 et 12 n'ont pu être imprimés faute de tems; les trois autres sous Nos 4, 5 et 6, un volume in 4°, contiennent les principes de notre sujet, ou l'ensemble du système de la Bourse dans ses divers rapports principaux, ainsi qu'une application aux différentes sortes de capitaux; le tout formant la 1ere partie du Livre 1er de ce traité; ces trois derniers mémoires quoiqu'écrits avec suite, n'indiquaient ni le titre ni les matières; deux seuls exemplaires furent distribués entr'autre à l'Agent de Change qui en fit un sujet de plaisanterie tant à l'audience de la Cour royale que dans la Gazette des Tribunaux du 10 Décembre 1834, article de Paris du 9. Ces trois mémoires étaient ainsi le commencement d'un ouvrage destiné à montrer quelles doivent être les vraies interprétations et applications des Lois sur la Bourse; les raisons qui nécessitèrent cet écrit furent insérées dans un Mémoire sous N° 8, ainsi que le sujet et les matières des trois Mémoires N° 4 à 6. Voici cette analyse :

Traité de la Bourse et de la spéculation.

Principe

Division du Principe.

Division.

Subdivision du système d'accumulations improductives financières.

Cet ordre suivi pour arriver à une description du système de la Bourse était indispensable, car il fallait indiquer les causes dont ce système est une émanation.

Un exemplaire de ce Mémoire N° 8 fut joint dans le dossier des papiers déposés à l'audience de la Cour royale; il disparut à l'audience avec d'autres papiers et dont plusieurs se trouvèrent être encore dans le dossier à l'instant visité de la partie adverse; le fait fut dénoncé au Commissaire de Police et au Juge d'Instruction près le Tribunal de 1re instance de la Seine; plus tard on a prétendu que la collection entière des exemplaires avait également disparu chez l'imprimeur ou qu'on avait omis soi-disant de la tirer, qu'il n'en restait aucune trace puisque les manuscrits avaient également disparu dans cette imprimerie et qu'il ne se trouvait point d'exemplaires au dépot du ministère public; en conséquence nous avons cru devoir dénoncer cette nouvelle disparition afin de prévenir s'il était possible tout préjudice ultérieur.

Pour completter le livre premier, il restait à résumer les neuf autres Mémoires ainsi que les documens de l'action correctionnelle, sous le titre d'application du Système de la Bourse aux Clients des agents de Change, et à faire deux autres applications de ce Système; l'une au taux et aux fluctuations de la rente et l'autre aux différentes manières d'opérer en Bourse. Le tout paraîtra successivement par livraisons ou pièces détachées et qui dans la suite pourront être assemblées et divisées d'après le nouveau mode qui sera jugé convenable.

Ayant voulu remettre mes premières livraisons à d'autres Imprimeurs les uns ne surent pas quand ils pourraient s'en charger; d'autres après avoir reçu — mon manuscrit et mon papier d'impression m'écri-

-virent que je devais les payer d'avance ; je compris à quoi ce serait m'exposer et qu'il ne me restait d'autre ressource que d'imprimer moi-même au risque qu'on me prenne aussi ma plume autographique. En conséquence je me suis déterminé à être Imprimeur de mon ouvrage, ce qui j'espère en permettra la publicité. Les villes qui ont une Imprimerie lithographique pourront se procurer un transport de cette édition à charge par elles de conserver les pierres lithographiques pendant plusieurs mois et de faire parvenir le produit des exemplaires qui seront tirés, à la Commission des établissemens et secours publics du Canton de Vaud à Lausanne en Suisse pour la fondation d'un Hospice de pauvres détroussés, orphelins, aliénés et infirmes sans acception de pays. On s'adressera pour avoir des transports à moi-même, lettres affranchies, à mon adresse à Paris, d'où les premiers envois seront faits ; dans la suite je les ferai faire depuis les lieux les plus rapprochés qui auront l'édition sous presse afin que l'écriture étant plus fraiche puisse être plus complettement décalquée.

Quant à l'ouvrage, je ne cherche point à y mettre ni art ni méthode, soit qu'on ne critique jamais un écrit improvisé qui ne doit être qu'une ébauche jetée aux vents, soit que l'on ne peut commencer à écrire que quand les idées sont épuisées.

Traité de la Bourse et de la Spéculation

Livre 1er 2e partie.

1re Application. 1re Livraison. 1re du sujet.

Application du système de la Bourse aux clients des Agents de Change.

Résumé de la législation sur la Bourse. Le jeu de Bourse ou pari est dans le compromis, ou dans la convention aléatoire de jeu entre l'Agent de Change et son Client, et celle-ci dans la qualité prise par le premier de faux intermédiaire légal irresponsable en ce qui est prohibé. Exception à la règle, ou exemple d'un mandat d'Agent de Change chargé d'affaires garant pour compte d'absent.

Le résumé de la législation de la Bourse est : tout marché ou compromis à terme qui n'est pas accompagné du dépot officiel des rentes vendues est prohibé et doit être déclaré nul. — Cependant il résulte de divers réglemens particuliers que, si une opération à terme qui n'a point été accompagnée du dépot légalement constaté des rentes vendues, reçoit son accomplissement par la livraison des rentes, ou par une liquidation régulièrement faite, elle pourra dès lors être validement consommée. Il semblerait au premier abord que c'est là une contradiction dans la Jurisprudence sur la Bourse, et qu'il peut s'établir des nuances à l'infini entre les opérations réputées réelles ou sérieuses et celles qui sont réputées un jeu ou pari, et secondement que tout est abandonné à l'interprétation des magistrats, ou est vague et forme un labyrinte sans issues. Le tout est vrai en effet et très vrai, mais dans un sens tout-à-

-fait faux ; où donc trouver cette solution d'un problème aussi incompréhensible et dont toutes les parties sont si confuses, qu'elles deviennent impénétrables ? Nous l'avons cherchée dans le mandat frauduleux de l'Agent de Change et dans le contrat de vente opéré intempestivement et illégalement, ou dans le compromis que l'Agent de Change fait signer à son client, et c'est là qu'est en effet le mot de l'énigme. C'est-à-dire qu'il n'y a de contrat aléatoire de jeu que quand l'Agent de Change agit avec des pouvoirs illimités en matière d'opportunité et ainsi aux périls et risques de son Mandant dans un marché prohibé par les Lois ; car il contracte cette convention comme Agent de Change aux périls et risques de son Mandant, et comme simple particulier à ses propres risques et périls et se fait donner le mandat d'agir en la qualité de faux intermédiaire légal irresponsable en ce qui est prohibé ; ce qui le rend nécessairement un Banquier non autorisé de jeux défendus.

En effet, c'est le pouvoir illimité, en ce qui est prohibé ; abusivement appliqué à un office légal et responsable et devenu ainsi dans le fait un faux ministère légal et irresponsable, qui constitue une convention aléatoire de jeux de Bourse, contraire aux Lois, à l'ordre et à la morale publique ; combinaison imaginée pour rendre l'Agent de Change un Banquier de Jeux probibés ; et dans laquelle seule consiste le fait de jeu de Bourse ou pari, je veux dire dans le mandat illimité du faux intermédiaire légal irresponsable et dans le contrat de vente lorsqu'il précède la livraison ou qu'il a lieu sans un dépot officiel des rentes vendues, puisqu'alors il est illégal ; mais jamais dans l'opération elle-même ou dans la spéculation du Client si elle a lieu légalement ; vouloir le nier serait désormais une absurdité.

Si au contraire le pouvoir donné à l'Agent de Change

était limité, le marché ou compromis à terme serait-il encore alors une convention aléatoire de jeu ? Nous croyons qu'elle en serait une si elle était contractée avec un intermédiaire qui ne fut pas Agent de Change, puisque les parties contractantes seraient évidemment en contravention aux Lois ; mais dira-t-on que le Client ait contrevenu aux Lois s'il emploie le ministère d'un Agent de Change qu'il doit croire légal. dira-t-on que si la loi est vicieuse, si l'usage est abusif et que l'Agent de Change soit un fourbe, il faut que le Client seul en patisse ? Nul doute que si le Client se prévalait des prohibitions pour frustrer l'Agent de Change, ce serait le cas de les lui appliquer ; mais si au contraire c'est l'Agent de Change qui veuille frustrer le Client par des transgressions de son mandat sera-t-il à l'abri de toute action parcela seul qu'il aurait pris une fausse qualité d'intermédiaire légal, mais responsable, puisqu'en acceptant un mandat limité il contractait l'obligation de le remplir et devenait personnellement responsable de son exécution. On objectera que cette responsabilité quoique positive n'est point légale ; mais en ce cas l'Agent de Change ne devait pas la promettre, c'est une faute qui lui est personnelle et dont il ne peut pas se prévaloir ; car le mandat précède le contrat de vente et si même celui-ci est nul et que le premier soit illégal c'est par la raison que l'Agent de Change l'a contracté en fraude ; et il n'y aurait aucune raison pour que la responsabilité positivement exprimée dut être déclarée nulle lorsqu'il aurait donné lieu à son application. Il faudrait donc connaître l'espèce de transgression de mandat qui aurait été commise. Il nous semble que, pourvuque la restriction touchant les latitudes en matière d'opportunité fut mentionnée dans le contrat, elle établirait une responsa-

-bilité légale, non point au civil, puisque tout compromis de cette nature est défendu à l'Agent de Change dans les opérations à terme, mais au correctionnel, parcequ'en transgressant ses pouvoirs il n'agirait plus pour compte de son Mandant, mais il le ferait pour son propre compte et à ses périls et risques personnellement; il faudrait encore pour que le cas ne dut présenter aucun doute en ce qui touche la qualité ou le ministère légal de l'Agent de Change, que la convention eut été faite entre un Agent de Change et un Mandant qui ne résiderait pas sur les lieux, car lorsque les ordres auraient été donnés en Bourse, si même alors il n'y avait plus de faux intermédiaire légal irresponsable, il y aurait cependant un Agent de Change intermédiaire responsable et non légal tout à la fois; d'un côté d'après la nature des prohibitions le Client pourrait ne point avoir de recours contre lui, et de l'autre ce ne devrait plus être le cas d'appliquer ces mêmes prohibitions, car si alors l'Agent de Change responsable donne lieu à l'application de sa responsabilité c'est comme nous venons de le dire parcequ'il n'a point agi dans un office d'intermédiaire légal ni aux périls et risques de son Mandant en ce qui touche l'opportunité, mais qu'il l'a fait en dehors de cet office pour son compte personnellement et à ses propres périls et risques comme simple particulier; et que comme tel on doit avoir action contre lui; il faut bien croire que ce dernier principe devrait prévaloir et que c'est la raison pour laquelle l'Agent de Change se fait toujours et subtilement reconnaitre un pouvoir illimité qui le rend irresponsable envers son Mandant; ainsi le cas d'un compromis entre un Agent de Change responsable et son Client non joueur ne se verra jamais dans aucune opération à terme contractée par suite d'un ordre transmis en Bourse, mais au contraire la convention qui résultera d'une telle négociation sera toujours exprimée en la forme que Mollot appelle une forme ordinaire et qui établit bien positivement, une convention aléatoire de jeux prohibés.

Ce cas qui ne saurait jamais se présenter pour des ordres donnés en Bourse, est arrivé à l'occasion d'un mandat d'Agent de Change chargé d'affaires garant pour compte d'absent et fait le sujet du présent traité de la Bourse et de Spéculation ; d'une part le fait est unique par ses développemens ; d'autre part les difficultés étaient insurmontables. L'abus aura causé la ruine d'un bien grand nombre de familles en France (a) mais il n'ira pas plus loin !!! Sera-t-il du une indemnité à tant de personnes malheureuses, victimes d'une si déplorable institution ? qui la supportera? Les Emigrés dépossédés dans leurs biens par des assemblées législatives ont été indemnisés par la Nation qui avait eu part à leurs dépouilles ; ici fera-t-on une différence? pourrait-on dire que l'Etat n'ait pas profité des exécutions faites par les agents de Change puisqu'il est incontestable que celles-ci furent une des prin-

---

(a) à compter depuis l'époque où l'on jouait à Paris à la hausse & à la baisse des fausses monnaies, qui remonte au XIVe siècle et seulement mille exécutions par an ou moins de 17 exécutions annuellement pour chaque faux intermédiaire en supposant qu'ils ne fussent que 60, (ce qui est fort au dessous de la réalité puisqu'outre les exécutions faites par les agents de change, il y a encore celles qui proviennent de la Coulisse ;) on aurait pour résultat 500,000 exécutions ou familles ruinées. —

-cipales causes qui lui ont procuré un si immense crédit fictif ; en disconvenir serait condamner le système de ce crédit ; reconnaitre qu'il peut être nuisible, mais qu'il ne saurait être utile et alors pourquoi le soutenir aux dépens de tant d'infortunés, ceux-ci doivent donc être indemnisés et d'autant mieux que la cause de leur ruine n'est point prévue par les Lois. Nous montrerons par l'application du système de la Bourse aux différentes sortes d'opérations à terme sur les effets publics, quand et comment de telles négociations peuvent ou ne peuvent pas être réputées jeux de Bourse ; dans la présente application nous ferons voir par des exemples que le Client n'a point d'action contre l'Agent de Change ni au civil, ni au correctionnel, lorsqu'il s'agit d'un compromis ou marché à terme ordinaire, ainsi que les exceptions à cette règle, qui, quoiqu'abusive n'en est pas moins vraie ; nous commencerons par le cas exceptionnel qui se présente d'un mandat d'Agent de Change chargé d'affaires garant pour compte d'absent. —

Un Agent de Change près la Bourse de Paris s'était fait donner le mandat de chargé d'affaires garant pour compte d'absent pour des négociations à terme d'effets publics. La convention portait qu'il recevrait un droit de 100 francs par chaque 3 mille de rentes 3 pour %, et qu'au cas où les garanties seraient absorbées par des différences, il pourrait réaliser les opérations qu'il aurait faites pour son commettant à moins qu'alors il lui fut fourni de nouvelles garanties. Il avait encore la latitude de faire ces réalisations quand elles présenteraient un bénéfice et qu'il croirait le moment convenable.

Ce mandat essentiellement limité répondait à la qualité de Chargé d'affaires garant ; il était par sa nature un mandat de Commissionnaire Banquier, mission qu'avait eue l'Agent de Change; ainsi soit que l'on considère la qualité prise par ce dernier, soit surtout que l'on fasse attention à l'esprit et à la lettre de son mandat, il devait être responsable de sa gestion et de ses actes.

Mais ayant transgressé ses pouvoirs de la manière la plus vexante pour le Mandant (a) il dénia toute responsabilité en soutenant que le mandat était légal et qu'il l'avait rempli ainsi que la qualité d'officier ministériel avec des pouvoirs illimités en matière d'opportunité.

(a) Il fit sans y être autorisé un découvert considérable pour lequel il demanda de nouvelles couvertures et des pouvoirs qu'il n'avait point; mais voyant qu'il allait survenir une forte réaction dont les causes étaient publiées dans les Journaux du soir de la veille et dans ceux qui venaient de paraître il s'empressa de réaliser le découvert et l'opération sur la minute où la réaction allait avoir lieu; sans attendre la réponse et l'autorisation qu'il avait demandées; il avisa son Mandant qui venait de fournir des remises, et qui répondit au reçu de cet avis que si l'Agent de Change annullait cette prétendue réalisation qui était contraire à sa première lettre et à son mandat il tiendrait le reste pour valide; ensuite le Mandant somma l'Agent de Change de se reconnaître responsable et de soumettre la difficulté à un arbitre; le tout fut refusé avec dédain par l'Agent de Change qui prit ainsi la chose en mauvaise part, de même que le rapporteur de la Chambre Syndicale des Agents de Change et l'arbitre du Tribunal de Commerce, c'était, disait-on, avoir de mauvais sentimens; prétendre porter à la fois atteinte à la considération et à la fortune de l'Agent de Change, c'était le calomnier. Celui-ci ajoutait que la difficulté était l'affaire de tous les jours, qu'elle ne pouvait souffrir un pli, et que le Client n'en retirerait ni

Il ne faut pas perdre de vue que l'office de l'Agent de Change n'a été institué que pour les opérations au comptant et pour celles à terme qui ont une cause légale, principe qui veut que l'Agent de Change n'agisse jamais qu'aux risques et périls de son Mandant en ce qui est licite ; le premier n'avait donc pas pu contracter avec des latitudes limitées en matière d'opportunité sans s'engager à être personnellement responsable de leur observation ; car quand on emploie un Agent de Change et qu'il se charge de faire les affaires de son Mandant avec sa garantie, il ne faut pas supposer que ce soit pour faire ce que la Loi défend ; la fraude ne se présume pas ; un tel mandat imposait naturellement au mandataire l'obligation de se conformer aux lois en ce qui concernait son mandat ; c'était son affaire, il ne pouvait les transgresser qu'à ses périls et risques et comme déja il l'avait fait une première fois en contractant dans son office une convention interdite à lui exclusivement, en telle sorte qu'il était seul responsable à cet égard ; mais il éludait tous les principes et leurs conséquences en soutenant que ses pouvoirs avaient été illimités et que son ministère avait été celui d'intermédiaire légal, et dès lors il devenait incontestable qu'il n'avait point transgressé son mandat.

---

bonheur ni profit. Il se livra aussi à des voies illégales pour décréditer son Mandant, s'approprier ses capitaux, même soi disant mais faussement comme les ayant reçus à compte. Il séquestra pareillement des valeurs de son Mandant provenant d'intérêt de créance, de baux dont le Débiteur est tombé depuis en faillite, et même encore après avoir été payé provisoirement. Tous ces actes ne pouvaient être attribués qu'à la prétention erronée de l'Agent de Change d'avoir été un faux intermédiaire légal irresponsable dans une Opération de jeu, puisque tout devient permis à de tels Mandataires, contre lesquels on n'a pas d'action. —

Cependant ce n'était là qu'un moyen adroit de se couvrir que les Agents de Change emploient, comme nous le ferons voir, dans tous les engagemens pour les opérations à terme qui ont lieu par leur entremise ; la véritable fin de non recevoir qu'il opposait à son Mandant quoique d'une façon tout-à-fait indirecte et voilée pour qu'elle ne fût pas pénétrée par celui-ci, était que les opérations avaient été un jeu de Bourse et comme lui-même avait formé action le premier contre son Mandant, un tel expédient secret devait rendre nuls tous les moyens de celui-ci, sans porter aucun préjudice à la réclamation de l'Agent de Change, puisque ce dernier se disant simple intermédiaire légal avec des pouvoirs illimités, le fait de jeu ne lui aurait pas été personnel dans son système de défense, qui se résumait à soutenir indirectement qu'il avait eu et rempli la qualité de faux intermédiaire légal irresponsable dans les marchés à terme prohibés.

On écrirait un volume qu'on ne saurait épuiser les combinaisons profondes d'un pareil système de défense. Aucun Avocat de Paris ne voulut convenir de ce système ni le combattre, soit que tous croyaient à l'inutilité de le faire, soit surtout qu'on ne l'eut pas permis ; on était impénétrable sur tout ce qui aurait pu éclairer le Client sur les dangers de sa position ; ses actes étaient toujours présentés ou interprétés dans le système de défense de l'Agent de Change ; des irrégularités judiciaires mais graves ; des erreurs nombreuses à son préjudice, et une entr'autres si imperceptible que deux seules lettres ajoutées abusivement dans un placet de Conclusions devaient lui faire perdre sa cause, étaient ce qu'il avait de moins facheux à attendre ; sur la fin ce fut ouvertement un scandale dont nous devons supprimer le récit, et toujours plus une galère. On ne lui permit pas de porter la parole, malgré que l'Avocat nommé d'office et qui voulait lui faire reconnaitre au procès que l'Agent de Change avait raison, eut refusé de l'assister à aucune autre fin, ce qui montre dans quelle vue aurait eu lieu cette nomination, et l'importance qu'on y mettait puisque la Cour rendit immédiatement après un arrêt dans le même sens ; on instruisit la procédure sans permettre qu'il en eut connaissance ; il ne lui fut pas possible d'avoir une communication des actes touchant lesquels il devait former des actions en désaveu, et ce ne fut qu'après que l'arrêt définitif du 20 Janvier 1835 eût été rendu qu'il apprit que l'Agent de Change avait pris des conclusions le 9e Décembre 1834 dans lesquelles il se prévalait textuellement quoique d'une façon très inexacte et erronée d'une partie du 8e mémoire en question devenu ainsi une pièce essentielle du procès.

Le rapport de l'arbitre Instructeur du Tribunal de Commerce de la Seine, avocat de sa profession, avait été rédigé dans le sens de la défense de l'Agent de Change et attribuait le fait de jeu au Client ; les premiers Juges déclarèrent que l'opération était réelle et que l'Agent de Change avait eu le mandat de racheter les rentes à sa convenance ; la cour Royale de Paris 1re Chambre par un arrêt préparatoire du 3 Juin 1834, ordonna la communication des régistres de l'Agent de Change dans les termes des offres de celui-ci, c'est-à-dire seulement pour les opérations qu'il avait faites pour le compte de son Mandant (a) lequel prenant ces offres de l'Agent de Change comme une rétractation d'un nouveau et faux compte courant extrajudiciaire où il reproduisait

---

(a) Sinon qu'il sera fait droit à la demande du Mandant qui spécifiait les opérations que l'Agent de Change prétendait avoir faites pour le premier.

des opérations antérieures sous la forme de jeux de Bourse et acceptant celles-ci comme faites pour son compte, voulut que l'Agent de Change justifiât préalablement qu'il eut fait pour le compte de son Mandant celles qui étaient contestées ; c'était là tout le sujet du procès et puisque cet Agent de Change était acteur, il était tenu d'après l'arrêt du 7 Aout 1785 de faire cette justification ; cet arrêt qui est toujours en vigueur porte : art. 6 : Sa Majesté déclare les agents de Change garans et responsables de la réalité de leurs négociations. L'Agent de Change éluda la demande qui lui était faite et soutint que la cause était en état ; le Mandant prenant cette évasion pour un refus et sans attendre davantage, porta plainte en police correctionnelle le 10e Novembre 1834 ainsi qu'il en avait toujours fait la réserve expresse, pour contravention aux Lois, abus de confiance, et escroqueries ; se fondant sur les art. 147. 150. 174. 175. 405 et 408 du code pénal, et sur les art. 85. 86. et 87. du code de Commerce. l'objet de cette requête était de faire constater les faits incriminés et de faire déclarer l'agent de Change responsable envers son Mandant ; deux choses qui n'étaient point dans les attributions de la Cour civile, puisqu'en matière de mandat de chargé d'affaires garant pour compte d'absent et de responsabilité légale dans les négociations à terme prétendues dont il s'agissait, la Cour ne pouvait pas rendre un arrêt au préjudice de l'Agent de Change ; elle pouvait statuer à son profit, elle ne pouvait pas le condamner, les Tribunaux correctionnels étant seuls investis de ce droit ; Cependant il fallait suspendre l'action civile jusqu'à ce qu'il eut été statué au correctionnel, conformément à l'art. 3 du code d'instruction criminelle ; la demande en fut faite ; mais quoiqu'elle ne put porter aucun préjudice à l'Agent de Change qui avait été rayé provisoirement de sa prétention, la Cour qui sans doute craignait qu'en accordant ce sursis c'eût été reconnaître la possibilité qu'une action pouvait résulter d'une source qui, selon l'Agent de Change, était indue, rejeta cette demande et statua au fond qu'aucunes des parties n'avait point d'action contre l'autre.

Un pareil arrêt est au moins surprenant dans un cas de la nature de celui-ci; la Lune ne doit pas vouloir éclipser le Soleil; — mais quelles devront être les conséquences — si action était formée au Correctionnel contre l'Agent de Change, pour faits à lui imputés de contraventions aux Lois, d'abus de confiance, et d'escroqueries en la qualité par lui prise de chargé d'affaires garant pour compte d'absent; or d'après l'arrêt de la Cour et d'après l'Agent de Change lui même, ce dernier aurait été un faux intermédiaire légal irrespon-sable en matière de jeux de Bourse prohibés; voila donc sinon une nouvelle escroquerie aux termes de l'art. 405 du code pénal, du moins un nouveau fait bien grave; c'est-à-dire une fausse prétention d'un genre bien extraordinaire, à l'effet d'élever une fin de non recevoir contre la partie adverse et dont l'arrêt de la Cour consacre la validité en même tems qu'il en établit les conséquences au préjudice du Mandant; car s'il est prouvé que l'Agent de Change ait pris faussement la qualité de faux intermédiaire légal irresponsable pour faire déclarer son Man-dant non recevable en son action civile ce doit être un nouveau délit du ressort correctionnel encore qu'il aurait été consommé au moyen d'un arrêt de la Cour Royale; ce qui de la part d'un Tribunal inférieur aurait peut être pu donner lieu à une accusation de forfaiture. Nous ferons voir qu'on ne peut pas assimiler l'Agent de Change chargé d'affaires garant pour compte d'absent dans les opérations à terme, au banquier de jeux de Bourse défendus par la Loi, je veux dire à l'Agent de Change faux intermédiaire illégal irresponsable dans les choses prohibées ; et secondement qu'on ne peut pas priver le Mandant du droit d'action contre un tel mandataire, lors même que dans l'espèce la garantie positive de celui-ci aurait été déclarée nulle par un jugement, ce qui n'a pas eu lieu ; mais pour ne pas trop fatiguer le lecteur, nous passons à une 3e application, qui est celle du système de la Bourse aux différentes sortes d'opérations sur les effets publics. —

3e application. 2de livraison. 1re du sujet.

Application du système de la Bourse aux différentes sortes d'opérations sur les effets publics

La règle est dans le secret. Démonstration des principes du jeu de Bourse. La convention aléatoire des parties est faite en fraude et est une surprise exercée par l'Agent de Change au préjudice du client, ou la source d'un genre particulier d'escroquerie, pour lequel le Client n'a point d'action contre l'Agent de Change ni au civil ni au correctionnel. La simple promesse faite directement entre deux particuliers de transférer une somme de rente à terme n'est pas une convention aléatoire de Jeu, si elle reçoit son accomplissement; secondement elle est exempte de fraude et légale ou permise; elle établit l'égalité entre les deux parties intéressées et peut être résiliée de gré à gré par celles-ci.

Les affaires de Bourse sont comme tout le monde sait des opérations fermes au comptant ou à terme, des opérations à primes, des arbitrages et des reports. Divers écrits en font la description, nous y renvoyons le lecteur. Bresson indique différentes manières de prendre position à la hausse et à la baisse, et ce qui peut convenir en quelques circonstances; la réserve et le peu de développement avec lesquels il aborde et quitte assez brusquement une si vaste carrière de combinaisons, donnent lieu de croire que la Compagnie des Agents de Change n'a pas été étrangère à la publication de ce premier élément des affaires à terme, comme sans doute elle ne l'a pas été à l'égard des commentaires qui ont paru sur la législation de la Bourse, et qui tendent à faire soutenir aux Clients des droits illusoires, au lieu qu'il leur importe de savoir qu'il n'y a pour eux aucun genre de préservatif ni de défense ou de recours possibles. Il fallait au Client une introduction pour opérer sur les effets publics ; on la lui a donnée avec tant de prudence et de précautions qu'on l'abandonne à lui-même, aussitôt qu'il a mis les pieds en Bourse ; ou plutôt on le livre à l'Agent de Change qui est son adversaire.

Le tacticien dont nous avons parlé, ancien Agent de Change, s'étend davantage sur ce qui détermine à opérer, mais il est à tous égards l'expression si fidèle de ce qui se passe en tant qu'on ne peut pas en démêler la vérité, qu'en disant qu'il écrit pour être utile à ses concitoyens, il faut croire qu'il a voulu désigner ses concitoyens du Parquet de la Bourse, ou ses anciens condisciples ; sous ce rapport la compagnie des Agents de Change n'aurait pu avoir un meilleur interprète en ce qui touche ses intérets, qui sont que chacun persévère dans ses erreurs jusqu'à ce qu'il soit complettement dépouillé ; On peut donc croire que tout a été dit, dans le sens que j'y mets, et que l'auteur anonyme a achevé de publier les notions qu'il importait à la compagnie de faire inculquer sur la Bourse. —

Par exemple il présente comme causes des fluctuations de la rente ce qui n'en est que le prétexte et l'effet & il ne cesse pas de répéter que les règles qu'il indique sont immuables, comme si le résultat n'en pouvait être douteux. La preuve que c'était pour couvrir les pouvoirs illimités du faux intermédiaire légal irresponsable, et la direction que celui-ci donne arbitrairement au cours de la rente, c'est que personne ne sait mieux que ceux qui ont été agents de Change, que la seule règle qu'il y ait en effet est toujours une convenance qu'on ne dit pas et comme il n'y a rien de plus fécond en expédients, il ne faut pas la présenter sous le voile de principes immuables dérivant soi-disant des opérations des grands faiseurs et de la situation de la place —

comme le tacticien s'efforce de le faire. Ce sont des maximes bien dangereuses que celles qui peuvent induire en erreur et porter un grand nombre de personnes à courir à leur perte.

Nous au contraire nous disons qu'il n'y a point de règles qui puissent être révélées; il en existe et un grand nombre; mais si elles étaient publiées elles cesseraient d'être règles; on ne peut reussir dans une spéculation qu'autant qu'on en a seul le secret; autrement la réussite serait bien l'effet du hazard. Quant à ce qui est visiblement dans l'intéret de celui qui veut opérer, ou il le sait ou il doit l'apprendre par lui même; ce doit être le fruit de l'expérience qu'il faut acquérir en opé-rant le plus en petit qu'il est possible et non le résultat d'une étude de théorie; celle-ci ne forme jamais bien le jugement; elle ferait croire qu'il entre des combinaisons très difficiles dans les choses les plus simples et qu'on a beaucoup appris alors qu'on ne sait rien.

C'est-à-dire qu'en publiant des règles de tactique sur la Bourse ce serait rendre la règle aussi nulle qu'elle pourrait l'être, car ce que tout le monde sait ne saurait profiter à personne; et il se joint une autre considération bien plus forte, c'est que l'Agent de Change qui connaîtrait les motifs qui déterminent son Client, les tournerait aussitôt contre lui; nous le répétons, la seule règle du spéculateur est qu'on ne puisse pas pénétrer ce qu'il ignore ni ce qu'il sait et encore moins ce qu'il a en vue; parcequ'il n'y a rien dont on ne fit un sujet de déception; ici il ne faut pas tromper ceux qu'on trompe; et d'ailleurs en indiquant des chances on nuirait à ceux qui les connaissent sans aucune utilité pour personne.

Mais s'il est incontestable que la convenance des Banques et des Agents de Change, dans le système actuel de la Bourse soit la règle la plus sure, ce doit être aussi la seule qu'on puisse démontrer utilement pour le public.

Nous aurions du faire précéder la présente livraison

par une première sur le taux et les fluctuations de la rente; mais soit celle-ci, soit la convenance des Banques en fait d'opérations, nous ont paru être deux matières tellement graves, que pour ne pas interrompre la partie actuelle qui se rapporte aux Agents de Change, nous allons en poursuivre le fil.

Nous disons donc qu'on verra par ce qui devrait précéder que les affaires à terme peuvent être définies *des opérations fort ingénieuses dans lesquelles ceux qui ont des rentes s'accordent pour profiter de ceux qui n'en ont pas et dans lesquelles on offre des fausses chances aux Clients pour les attirer dans les pièges du faux intermédiaire légal irresponsable, vu dans les tableaux du Banquier de Jeu.* Ici nous devons faire la part très diverse qui advient aux Agents de Change et à leurs Clients qui sont de simples spéculateurs. —

Il faut être ou de bien mauvaise foi ou bien novice pour soutenir que le jeu consiste dans la spéculation; on doit avoir une tout autre idée des conceptions des Négocians; elles reposent sur des chiffres, sur des chances licites et telles qu'on peut les avouer: il ne faut donc pas les confondre avec les pouvoirs illimités et à double sens des agents de Change; je veux dire avec des pouvoirs illimités qui ont un objet spécial et un sujet général tout à la fois; il ne faut surtout pas les confondre avec le faux intermédiaire légal irresponsable, et l'on verrait alors que les conséquences déshonorantes des prohibitions en ce qui concerne les clients sont toujours faussement appliquées; non, on rendra justice au commerce, il n'a pas mérité d'être ainsi traîné dans la boue; que les exploiteurs seuls le soient et plus leurs victimes; on veut vilipender le commerce comme on a vilipendé la monarchie; il faut au contraire que le commerce traite d'égal à égal avec ces messieurs; ou par leur ministère, car en matière de calculs, on ne doit pas plus admettre des qualités illégales, fausses et illusoires que des fictions constitutionnelles.

Les prohibitions de 85 à 89 si judicieuses dans un sens, mais si favorables au système de la Bourse, eurent pour but d'organiser l'Agiotage sous prétexte de le proscrire ; elles secondèrent puissamment la révolution qui éclata presqu'en même tems ; et firent voir à quel haut degré de puissance étaient parvenues déja alors les Banques et la Compagnie des Agents de Change ; mais combien les tems ont changé ; 40 mille rentiers reunis dans Paris effacent 18 mille nobles disséminés sur toute la surface du territoire de la France ; c'est contre ce nouvel ordre que sont venus se briser l'Ecusson de la Noblesse, le pouvoir constitutionnel, la balance de la Justice et enfin le sceptre de la Monarchie ; et chaque jour 368,900 francs de l'amortissement sont convertis en bons du Trésor et augmentent ainsi sous une nouvelle dénomination la dette de l'Etat ; mais qui ne voit que les autres conséquences de la révolution de Juillet doivent être la liberté et la validité des opérations à terme ; et dans le fond elles ne sauraient être autre chose, car puisque cette révolution n'a été comme l'on sait qu'un Jeu de Bourse ; il faut aussi qu'elle profite à tout le monde . ; l'excès du mal doit prescrire le remède ; le crédit réel de l'Etat n'en saurait souffrir puisque le crédit fictif est au moins assez étendu ; et quand la dette ne pourrait plus croître ce ne serait pas un mal ; car puisqu'il faudra en venir là, le plutot sera le mieux ; à moins qu'on ne veuille encore donner 150 mille hectares de Bois aux Banques de Paris déja favorisées par 250 millions d'impositions annuelles pour le payement des intérêts ; conceptions admirables dans un siècle de lumières pour dépouiller la nation jusqu'à son dernier pouce de terrain au profit d'une ville ; et quand il n'y aura plus rien à prendre à la nation, que fera-t-on ? en attendant, avec de pareilles ressources et les flux et reflux de la Bourse on peut bien faire la loi à la royauté et aux représentans de la Nation ; mais il ne faut pas que quelques individus seulement en profitent et que tous leurs Clients soient dépouillés et deshonorés ; cela n'est point dans le droit constitutif

-tionnel ; les Lois sur la Bourse ; la loi civile et surtout le code pénal n'interprètent pas ainsi la libre concurrence ; c'est ce que nous allons démontrer.

Il y a deux sortes de formules d'engagemens en usage pour les opérations à terme ; nous verrons que le haut commerce ne reconnait que la première contenue dans le livre de Mollot sur les Bourses de commerce etc. page 540 (a.) cette formule diffère essentiellement de l'autre, d'abord en ce qu'elle est faite directement entre deux particuliers et ne renferme point de mandat d'intermédiaire ni de contrat de vente, secondement en ce qu'elle est licite puisqu'au lieu de stipuler le contrat de vente, elle est une simple promesse de transférer une somme de rente à jour fixe et à terme, c'est-à-dire de passer acte de vente et jusqu'alors il ne s'agit pas de rentes négociées mais seulement d'une somme de rente qu'on s'engage de négocier ou de transférer ; d'où il suit que les opérations à terme qui ne seraient pas accompagnées du dépot officiel et dument constaté des rentes vendues, doivent avoir lieu par de simples promesses contractées directement entre le donneur et le preneur en la forme ci-dessus, et que le haut commerce ne reconnait point pour ces sortes de conventions préalables, le ministère de l'Agent de Change, comme légal et sauf pour leur accomplissement, ce qui est expliqué aux paragraphes 1.2 et 3 du parère portant :

Nous Banquiers, Négocians, Commerçans, et Capitaines soussignés certifions :

(a) Voici cette formule d'engagement.

Fr. 10,000 de rente 5 p % à 100 fr 50. Fr 201.000.

Le 31 8bre prochain, ou plustôt à volonté, je transférerai à Mr... la somme de Dix mille francs de rente cinq pour cent consolidés, contre le payement qu'il me fera de la somme de Deux cent un mille francs. Fait double à Paris ce....

Signé.....

1°. Que la formule d'engagement énoncée ci-dessus est la seule en usage pour les opérations faites à la Bourse, sous la désignation de marchés fermes, ou opérations à terme.

2°. Que dans toutes ces opérations sans en excepter aucune, le vendeur seul accorde terme à l'acheteur, et que celui-ci peut se faire livrer les effets par lui achetés à sa première réquisition.

3°. Que les marchés dont il s'agit se liquident par la livraison des effets vendus, soit qu'ils existent dans les mains du vendeur au moment où la livraison est exigée par l'acheteur, soit que le vendeur les fasse acheter pour en opérer la livraison.

Or dans les simples promesses contractées de cette manière l'acheteur ne peut pas être contraint à lever les rentes achetées, avant l'époque convenue, ce qui rentre dans la nature d'une opération de commerce; au lieu qu'en se servant d'un faux intermédiaire légal, celui-ci peut exercer les droits d'acheteur et obliger le Client à lever les rentes achetées par son entremise, s'il trouve à propos de faire une baisse pour que le rachat s'effectue avec perte et un instant après le cours revient comme il était auparavant; ce qui est de la nature des opérations de jeu; secondement les mots: ou plustôt à volonté qui ne sont point soulignés dans cette première sorte de formule signifient uniquement que l'acheteur se réserve la faculté de prendre livraison avant le terme fixé et à sa volonté, et cela devait être puisque d'après la Loi l'acheteur à terme n'est pas tenu d'avoir l'argent nécessaire pour payer les rentes achetées, avant que la livraison en soit faite; mais le vendeur est tenu d'avoir les rentes à sa disposition code pénal art. 422. et même il est tenu d'en faire officiellement le dépot si le contrat de vente est passé avant le jour de la livraison, et dans cette formule-ci, le terme est précisé et ne saurait être assimilé à celui des marchés en liquidation ou pour fin du mois et qui se règlent les premiers jours du mois suivant; enfin jusqu'au jour où la livraison des rentes doit —

s'effectuer on n'a nul besoin du ministère de l'Agent de Change ; celui-ci eut été faux, illégal, illusoire ; mais pour ce qui est de l'accomplissement de la promesse, c'est tout différent, car alors, il y a tout à la fois vocation légale et responsabilité légale de la part de l'Agent de Change.

On en a encore la preuve dans le paragraphe 4 du même parère qui déclare que : dans tous les cas, il y a toujours, d'un côté, l'achat d'une chose qui doit être payée et de l'autre la vente d'une chose qui doit être livrée ce qui ne permet pas d'envisager ces sortes d'opérations comme des paris sur le cours des effets publics. Or, ces mots dans tous les cas désignent la manière en laquelle l'opération a reçu son accomplissement, lequel rend la transaction réelle et légale tout à la fois ; mais elle n'eut été ni l'un ni l'autre jusqu'au moment de la liquidation si la promesse n'avait pas eu lieu et qu'à la place on eut traité et contracté une vente à terme par l'entremise réputée faussement légale de l'Agent de Change, à moins que le dépot des rentes vendues eut été effectué officiellement ; et même il est au moins fort douteux que sans ce dépôt la liquidation eut pu être valide en ce qui touche le Client et l'Agent de Change vis à vis l'un de l'autre, le Client n'étant point alors responsable envers la partie avec laquelle le premier a traité et puisqu'illégal dans son commencement le marché était par là même toujours susceptible d'être réputé Jeu de Bourse ; et c'est aussi la raison pour laquelle la Cour de cassation n'a pas pu appliquer les principes contenus dans le Parère dont il s'agit à la cause entre Mrs Perdonet et Comte Forbin qui l'avait provoqué puisque dans cette cause il s'agissait non d'une promesse faite entre deux particuliers et légalement accomplie par le ministère d'un Agent de Change mais d'opérations à terme faites indirectement par le ministère illégal de ce dernier ; il serait bien remarquable si c'était pour faire triompher le faux intermédiaire légal irresponsable qu'on eut présenté un parère basé sur la formule de la promesse légale ; car du moins c'était faire croire que la condamnation prononcée par la Cour dans cette cause retombait sur la promesse légale et nullement sur la formule du contrat aléatoire du faux intermédiaire.

Je transcrirai à la fin de cette livraison le reste du contenu de ce parère qui est remarquable à tant d'égards, et surtout par les amplifications mentales avec lesquelles il appuie le système frauduleux de la compagnie des agens de Change et semble vouloir en faire dépendre les intérets politiques et commerciaux du pays. C'est maintenant au commerce des Départemens de la France qu'il appartient de réfuter de si dangereux principes.

Mais entre les deux agents de Change qui ont traité ensemble soi-disant pour leur Client et qui se tiennent pour responsables l'un envers l'autre, la question peut être différente, non sous le point de vue de la législation, car il leur est interdit d'opérer pour leur compte, et d'opérer à terme sans un dépot effectif et dument constaté des rentes vendues, mais en ce qui touche les réglemens ou usages particuliers de la Compagnie et qui en cela seraient contraires à la jurisprudence de la Bourse, et c'est peut être aussi en partie pour cette raison que les difficultés qui s'élèvent entre deux agents de Change sont soumises aux décisions de la Chambre syndicale de cette compagnie.

Ainsi la conséquence rigoureuse est que les particuliers qui se soumettent entr'eux et directement à ce mode de convention ou de promesse pour transférer une somme de rente sans préciser une jouissance et qui l'observent de bonne foi ne peuvent pas être réputés joueurs, hormis les agents de Change qui se permettent d'agir comme de simples particuliers dans des choses qui leur sont interdites ; ce qui est formellement reconnu dans les divers paragraphes du parère ci dessus, et est conforme aux règles du droit commun art. 1130 du code civil ; mais si l'une des parties refuse de remplir sa promesse, celle-ci sera-t-elle valide ? en droit elle devrait l'être, car l'égalité étant établie dans la convention et celle-ci n'étant pas défendue, on ne peut pas dire qu'elle soit simplement un marché libre ou une convention aléatoire de Jeu ; mais les restrictions établies et l'art. 422 du code pénal semblent vouloir résoudre cette question négativement pour de certains cas, comme nous le verrons bientôt. Pour y parer il n'y a qu'à établir la preuve que les effets promis sont à la disposition du vendeur au tems de la convention ou qu'ils ont du s'y trouver au tems de la livraison et c'est aussi ce qu'a eu en vue le code pénal, car il dit <u>au tems de la convention</u>, ce qui ne peut pas s'appliquer au contrat de vente.

L'autre sorte de formule donnée par Mollot est conçue de deux manières, la voici : Paris 3 Juillet 1830.

Acheté de Mr .... agent de Change <u>d'ordre & pour compte de</u> (le Client) Deux mille cinq cents francs de rente 5 pour % consolidés, jouissance du 22 Mars 1830 livrables fin de Juillet fixe <u>ou plustôt à volonté</u>, contre le payement de Cinquante trois mille francs :

Fait double. Signé. (L'agent de Change). —

Paris 3e Juillet 1830.

Acheté par Mr .... Agent de Change <u>par mon Ordre et pour mon compte</u> Deux mille cinq cents francs de rente 5 pour % consolidés, jouissance du 22 Mars 1830 livrables fin de Juillet fixe <u>ou plustôt à volonté</u>, contre le payement de la somme de Cinquante trois mille francs —

Fait double Signé (le Client.)

Mollot observe qu'au moment où ils se concluent les marchés à terme ne sont sujets <u>à aucune forme spéciale, qu'il suffit d'un acte ordinaire qui en constate l'existence de même que</u>

pour toute autre convention ; ce peu de mots révèle toute l'affaire, mais le sens en est très profond, il faut l'expliquer.

D'abord il est essentiel d'observer que cet engagement contient deux contrats bien différents l'un de l'autre ; le premier est un mandat au moins illégal ; le second est un acte de vente pro-hibé comme fictif ou supposé et dépourvu de causes réelles.

En effet l'arrêt du 7 Aout 1785 qui déclare nuls les marchés et compromis d'effets publics qui seraient à terme et sans livrai-son des dits effets ou sans le dépot réel d'iceux, constaté par acte dument controlé au moment même de la signature de l'engagement, est toujours en vigueur ; et est reproduit en partie par l'art. 422 du code pénal, mais avec cette différence, que celui-ci admet la preuve que les effets auraient existé à la disposition du vendeur au tems de la convention ou auraient dû s'y trouver au tems de la livraison.

Ainsi, au moment où les marchés se concluent, ils ne sont sujets à aucune forme spéciale, il suffit d'un acte ordi-naire, de même que pour toute autre convention ; cela veut dire non point que Mollot qui approuve la formule en admet-te l'objet, mais qu'il n'y a dans l'engagement ni mandat légal ni contrat de vente valide ; que les compromis ou marchés à terme dont il donne la formule sont dépourvus de toute cause réelle ; et en avouant que le double contrat passé avec l'agent de Change n'a pas plus de valeur que toute autre convention ordinaire, Mollot reconnait que l'Agent de Change a traité avec son client comme simple particulier et pour son propre compte au moyen d'un mandat illégal et d'un contrat de vente fictif et supposé, l'un et l'autre défendus par la Loi. Pour que le mandat fut légal et pour que la négociation fut réelle et valide ; il faudrait que le vendeur opérât préalable-ment le dépot des effets vendus, ou des titres qui en constatent la propriété dans sa personne. Cette volonté est tellement impérative, ajoute Mollot, que sans ce dépot le marché à terme doit être réputé jeu de Bourse et annullé à ce titre. Or l'acte nécessaire et dument enrégistré pour constater le dépot étant soumis à un droit de deux pour cent, il n'y a personne qui pour spéculer sur la rente, voudrait s'astreindre à un droit semblable ; la mesure est donc illusoire parcela seul qu'on ne saurait l'exécuter : puisqu'une vente pour comptant serait toujours préférable ou plus avantageuse ; ce qui donne tout lieu de croire que cette mesure n'a été prise que pour établir un cas où le ministère de l'Agent de Change put intervenir légalement dans les marchés ou compromis à terme avec le client.

Conséquemment tout compromis ou marché à terme ordinaire contracté avec un Agent de Change ; est une convention aléatoire de jeu ; car l'Agent de Change se fait donner un pouvoir d'agir comme Agent de Change faux intermédiaire légal salarié et irresponsable aux périls et risques et pour compte du client, à volonté, mot souligné ou écrit en lettres italiques pour marquer qu'il s'applique aussi bien au mandat qu'au contrat de vente, et que l'Agent de Change pourra agir comme bon lui semblera en matière d'opportunité, en ce qui est prohibé ; et il exerce une telle mission illégale comme simple particulier, à ses périls et risques c'est-à-dire pour son propre compte ; dès ce moment il y a deux personnes dans l'Agent de Change, l'une qui s'immisce illégalement dans les fonctions illégales de l'autre, toutes deux sans vocations légales, ce qui est un jeu de Bourse ; le mandataire étant faux il ne peut pas contracter pour le compte du Mandant ; et puisque la formule d'engagement dit qu'il le fait aux périls et risques de ce dernier, c'est là une fiction, mais l'Agent de Change contracte pour son propre compte, à ses périls et risques comme simple particulier et le plus souvent avec lui-même ; il est ainsi un être double et nul tout à la fois ;

l'adversaire de son Mandant, sous l'apparence trompeuse d'un mandataire légal ; et comment se pourrait-il que les deux clients des deux Agents de Change fussent seuls joueurs, et même qu'ils fussent joueurs, puisqu'ils sont représentés et encore illégalement ; qu'ils ne se connaissent pas ; qu'ils ne traitent point l'un avec l'autre ; et n'ont rien à faire ensemble ; veut-on que l'un soit joueur et que l'autre ne le soit pas ? eux qui presque toujours ne sont que de simples spéculateurs ; au surplus on n'opère pas pour leur compte, quoiqu'on s'y soit engagé, car on ne peut pas le faire, on n'en a pas le droit ; il faudrait qu'un tel contrat de vente fut permis, mais on les trompe et de toutes manières.

L'art. 1104 du code civil dit aussi : le contrat est commutatif lorsque chacune des parties s'engage à donner ou à faire une chose qui est regardée comme l'équivalent de ce qu'on lui donne ou de ce qu'on fait pour elle. Lorsque l'équivalent consiste dans la chance de gain ou de perte pour chacune des parties, d'après un évènement incertain, le contrat est aléatoire.

Or, soit qu'on considère la nature des engagemens formulés entre l'Agent de Change et son Client, soit qu'on considère leurs résultats, il faut toujours en revenir à ceci, que l'Agent de Change opère sans mission ni responsabilité légales avec des titres faux et des pouvoirs abusifs en ce qui est prohibé par la Loi.

Ce pouvoir illimité est encore surpris pour qu'on ne puisse imputer à l'Agent de Change de solidarité à l'égard des chances incertaines de l'opération ni de complicité par rapport aux transgressions des Lois, quoiqu'elles existent l'une et l'autre par la nature même du mandat et du contrat de vente. C'est encore afin de couvrir la fin de non-recevoir que l'Agent de Change oppose au Client, en faisant déclarer le fait de jeu au préjudice de ce dernier ; en telle sorte qu'il dépend de lui de rendre l'opération sinon légale du moins valide pourvu qu'il ne rencontre point d'obstacle. —

Tout cela est visiblement une chance très incertaine pour l'Agent de Change, nonobstant la clause de faire exécuter le marché à volonté ; car aucune des parties ne peut s'obliger validement et dès lors le contrat est aléatoire en ce qui est prohibé et comme non avenu, sauf qu'il ne survienne aucune opposition.

Dira-t-on alors que l'Agent de Change n'est pas joueur lui-même ; mais s'il n'est pas joueur parcequ'il agit faussement et soi-disant pour le compte de son Mandant, il est Banquier non autorisé de jeux défendus et desquels il dirige ou modifie les chances à son gré, soit à raison de ses pouvoirs soit à raison des prohibitions de la Loi qui ne saurait l'atteindre ni permettre d'action utile contre lui ; ce qui n'est qu'une manière de déguiser sa participation dans les marchés ou compromis à terme comme Banquier de jeu, dont il se fait reconnaître toutes les attributions par le Client, et conséquemment il est plus qu'un simple joueur, mais soumis aux mêmes principes que ce dernier et tous ses actes sont des actes aléatoires de jeu. —

Objectera-t-on qu'aussi longtems que l'époque de la livraison n'est pas arrivée, on ne saurait prévoir quelle sera la nature de l'opération ; que l'Agent de Change a dû supposer qu'elle serait une opération sérieuse et qu'ainsi son ministère a dû être légal en ce qui ne concerne que son office même ; et que si par l'événement l'opération se résout par un jeu de Bourse ce n'est pas le fait de l'Agent de Change dont alors l'entremise se serait bornée à s'immiscer purement et simplement dans ce qui aurait dû être l'objet d'une négociation réelle ; je conviens que si l'égalité existait dans le mandat entre l'agent de Change et son Client, cet argument pourrait paraître fondé au premier abord, pour ce qui est des ordres que l'Agent de Change reçoit en Bourse et qu'il doit exécuter sur la minute et sans pouvoir vérifier leur degré de réalité probable —;

mais outre que l'égalité n'existe pas, nous avons déjà vu qu'en droit le ministère d'Agent de Change ne peut pas intervenir — dans les marchés à terme ordinaires, ou qu'il n'est point légal dans de tels compromis. La législation le dit positivement et l'on ne voit nulle part qu'aucun de ses commentateurs, ait prétendu le contraire; pour que le ministère de l'officier public puisse être légal à l'égard du contrat de vente, il faut nécessairement qu'il y ait une responsabilité légale dans le mandat; dans cette dernière espèce de légalité on ne saurait vainement soutenir l'autre [illegible] or, nous voyons que l'Agent de Change qui vainement [illegible] tombé en faillite avant l'époque de la livraison, son cautionnement ne pourra pas servir de garantie au Client pour les fonds qu'il aura lui-même remis à titre de garantie à l'Agent de Change; la chose a été ainsi jugée en dernier ressort. Donc il n'existe aucune responsabilité légale de l'Agent de Change dans les compromis au marchés à terme ordinaires et par conséquent il y remplit le rôle de simple particulier sans mission légale. — 3° mais il prend en apparence une mission légale en se le faisant faussement reconnaître par le Client comme [illegible] ce qui est un abus, car en droit positif, on ne peut pas faire une convention de transgresser les lois.

Ainsi tout compromis au marché à terme ordinaire — contracté par le Client avec l'Agent de Change qui est son adversaire, pour être réputé un jeu de Bourse ou pari, et il le sera infailliblement toutes les fois que l'Agent de Change y aura un intérêt et en fera indirectement la demande; ce qu'on ne saurait empêcher; c'est-à-dire qu'il n'y a rien de légal dans un pareil marché, lorsqu'il n'est pas connu que du dépôt officiel des rentes vendues, et nonobstant que la livraison devrait avoir lieu, ou qu'une liquidation [illegible] régulière serait intervenue; mais seulement pour [illegible] lorsque le Client voudrait dénier sa dette ou former action contre l'Agent de Change ; car en tout autre état de cause les Tribunaux peuvent accueillir les demandes de l'Agent de Change qui se garde bien de dire explicitement que sa créance provient d'une opération de Jeu. Mais dans quelle vue Mollot reconnait-il si obscurément cette inégalité ? n'est ce pas pour établir qu'aussitôt que la formule d'engagement qu'il représente comme ayant une forme ordinaire est signée par le Client, celui-ci a transféré à l'Agent de Change un mandat sinon légal en ce qui est au préjudice de ce dernier du moins légal ou censé l'être tel en ce qui lui est favorable ! on ne saurait douter que c'est là le sens de cet art. de Mollot, puisqu'il sert de guide dans les rapports d'arbitres du Tribunal de Commerce ; d'où résulte que tout devient désastreux pour le Client soit en Bourse soit devant les cours de Justice, qui ne peuvent pas condamner dans aucun cas le faux intermédiaire légal qui a eu des pouvoirs illimités ; mais un pareil mandat n'est pas un simple acte dans la forme ordinaire comme le dit Mollot, car ce qui est une forme ordinaire quand il s'agit d'une promesse de transférer une somme de rente à terme, lorsqu'elle a lieu entre deux particuliers qui s'agréent mutuellement, est une forme non seulement extraordinaire, mais encore illégale lorsqu'il s'agit d'un mandat et d'un contrat de vente à terme, l'un et l'autre prohibés ; et au moyen des quels l'Agent de Change dépouille et trompe indignement le Client sans avoir aucune responsabilité légale, et sans courir aucun risque, puisqu'il se fait donner des garanties et qu'ainsi il a toutes les attributions d'un Banquier de Jeu sur gages, sous le voile d'un office tout différent ; il est donc clair comme le jour que l'entremise de l'Agent de Change dans les prétendues négociations à terme, n'est qu'une fiction, une duperie d'ailleurs très cout

-teuse aux Clients, en un mot un acte frauduleux, c'est ce que nous continuerons de démontrer, en commençant par établir les principes sous ce dernier point de vue.

On déduit de la nature de l'engagement ou compromis entre l'Agent de Change et son Client, non seulement le principe de Jeu, mais encore le principe de fraude: D'abord le mandat de l'Agent de Change contenu dans la formule du marché à terme est fait en fraude quant aux fausses qualités que l'Agent de Change se fait reconnaître comme intermédiaire légal responsable, puisqu'il fait déclarer au Client et déclare lui-même qu'il a traité pour le compte de ce dernier ce qui suppose un ministère légal et responsable et dans tout cela il n'y a pas un seul mot de vrai; un semblable ministère n'est point légal; la responsabilité n'est point légale; il n'y a point d'opérations réelle, ni conséquemment pour le compte du Mandant; le tout est plus qu'une fiction, il est une fraude; en voici de nouvelles preuves: L'Agent de Change soi-disant responsable se fait donner par surprise des pouvoirs illimités en matière d'opportunité afin d'être irresponsable; mais s'il faisait une chose pareille dans son office légal, par exemple lorsqu'il s'agit de négociations au comptant, et qu'il abusât d'un pouvoir d'agir à sa convenance: il serait condamné il n'y a nul doute, pour abus de confiance; ici c'est bien pire puisqu'il le fait dans des choses prohibées et dans le but visible ou avec l'intention de tromper son Mandant aussitôt que sa convenance sera de le faire; et la manière en laquelle ce pouvoir est surpris n'est pas moins répréhensible que son objet; car on l'établit à l'insu du Client et dans une clause spéciale à l'escompte; et du tout résulte incontestablement que l'Agent de Change est un faux intermédiaire légal irresponsable dans des choses prohibées, un Banquier de Jeux non autorisé et sur gages; dès lors s'il compromet les intérêts ou la fortune de son client on ne saurait disconvenir que ce ne soit une escroquerie d'une espèce toute particulière car le code pénal qui inflige des punitions aux Banquiers de Jeux de hazard, de loteries ou de maisons de prêts sur gages non autorisés, ne fait aucunement mention de Banquiers de jeux de Bourse prohibés et aucun article du code pénal n'est applicable au faux intermédiaire légal irresponsable dans les marchés ou compromis à terme défendus par les Loix; c'est là une lacune inconcetable de la jurisprudence criminelle et qui semblerait autoriser tacitement ce genre particulier d'escroquerie; cependant le mandat spécial dont il s'agit étant prohibé ainsi que le contrat de vente à terme qui ne serait pas accompagné du dépot légal des rentes vendues, il ne peut plus y avoir d'autorisation; ce double contrat est encore frauduleux dans le fait et de deux autres manières l'une en ce qu'il prive le client de toutes les chances qui devaient lui appartenir et d'autant mieux qu'il sera démontré que les agents de change font crier des cours fictifs quand et comme bon leur semble; l'autre en ce que le faux intermédiaire légal irresponsable se fait payer un énorme droit en la qualité d'intermédiaire légal qu'il ne remplit pas; et pour un ministère prohibé dont il abuse pour dépouiller ou du moins pour exécuter son client ce qui revient bien au même.

Si l'on voulait prendre la peine d'approfondir la gravité d'une fraude aussi manifeste en la personne d'un officier public revêtu de fonctions importantes on n'en finirait pas; ce qui nous engage à passer ainsi brièvement à quelques unes des conséquences des principes d'illégalités et de fraude qui précèdent.

1° Les deux clients des deux agents de change auront à payer à chaque liquidation de mois chacun un droit de

100 francs par chaque 3 mille de rente, droit énorme qui n'a pas l'ombre de fondement, puisqu'on ne peut pas supposer qu'il existe un droit de courtage en faveur d'un Banquier de jeux prohibés et pour un guet apens tel qu'un faux ministère légal irresponsable dans les choses défendues par les Lois. Vit-on jamais en effet un Banquier de jeux autorisés se faire payer un salaire et encore un salaire tel que 100f par chaque 3 mille de rentes, pour dépouiller et deshonorer son client; voilà ce qui est audessus de toute conception; si l'intermédiaire était véritable on crierait à la tyrannie, mais il est faux et depuis des siècles on ne crie pas même à l'injustice.

On considèrera qu'il a fallu un pouvoir et un concours de circonstances bien extraordinaires pour introduire et éterniser un genre d'abus aussi bizarre que vexatoire et tout cela pour faire croire que l'Agent de Change est en effet comme il le prétend un intermédiaire légal tandis que c'est une insigne fausseté; pour faire croire encore qu'il est désintéressé et n'a point de chances personnellement tandis qu'il les a toutes, qu'il a encore les fonds de son client, et dispose de l'honneur de celui-ci; et parcequ'on a trouvé à propos d'assimiler la spéculation de la rente aux jeux de hazard, de déduire d'un si faux principe les plus fausses conséquences; mais en effet pour livrer les spéculateurs aux exploitations d'une compagnie puissante et qui devrait être par son institution étrangère à ce genre de trafic comme à tout autre.

2°. Les Clients doivent donner des garanties et des pouvoirs illimités; se mettre en prévention de mauvaise foi, et s'en rapporter aux convenances de l'Agent de Change soit acheteur, soit vendeur, ce qui est en faire un adversaire nécessairement, car qui est l'acheteur de rentes! c'est l'Agent de

Change, soi-disant d'ordre et pour compte de son client ; il peut donc obliger celui pour le compte duquel il a acheté, à réaliser l'opération avant l'époque convenue, de même que s'il est vendeur ce sera son confrère qui pourra faire cette réquisition ; conséquemment soit que le client ait fait acheter, soit qu'il ait fait vendre en liquidation, il pourra être exécuté toutes les fois qu'il entrera dans la convenance de l'Agent de Change de lui faire cette faveur : à titre d'acte conservatoire pour se mettre lui-même à l'abri d'une perte ou d'intentions suspectes qu'il peut imputer au client. Et s'il le trouve à propos après qu'il aura fait crier des cours fictifs aussi à sa volonté, souvent le jour même de l'opération, ou lorsqu'on allait réaliser un grand bénéfice, au lieu duquel le client sera au contraire passible d'une forte perte. On sait bien que c'est la masse générale des affaires qui doit décider les grands mouvemens, d'après les convenances des Banques et celles de la compagnie des Agents de Change, mais toujours ceux-ci connaissent toutes ces circonstances et vous attendent là ou peuvent faire à votre préjudice telle exception que bon leur semble. — Secondement sans la clause ou plus tôt à volonté l'Agent de Change n'aurait pas en apparence la qualité de simple intermédiaire légal puisqu'un mandat limité en matière d'opportunité emporterait de sa part une responsabilité de fait, et que la sûreté qu'exige son office a fait déclarer celui-ci incompatible avec une participation quelconque dans les risques et les incertitudes qui naîtraient d'éventualités ; mais on a établi cette participation indirectement au moyen des prohibitions des compromis eux-mêmes et de la manière en laquelle on les interprète, ce qui est encore pire que si cette participation existait directement. On a dit, il faut défendre le compromis ou marché à terme pour que l'agent de Change puisse en faire usage ; car à l'aide de cette prohi-

-bition le client n'aura point d'action contre lui. On a dit encore, il ne faut pas que l'Agent de Change puisse compromettre les intérêts des personnes qui spéculent au comptant mais il pourra exécuter celles qui spéculent à terme ; il semblerait que les Banquiers ont fait cette législation eux-mêmes. — C'est donc l'Agent de Change qui est la cause unique du jeu et des prohibitions ; c'est-à-dire que son ministère ne peut pas intervenir dans des opérations à terme ordinaires avant leur accomplissement sans changer la nature de celles qui devraient être réelles et sans en faire un jeu de Bourse où toutes les chances sont mises à sa disposition ; c'est aussi ce qui fait qu'il est entièrement le maître de l'application des causes de fluctuations du taux de la rente, et ces causes sont elles-mêmes en son pouvoir en ce qui touche les détails de ces fluctuations ; nous citerons des exemples mémorables dans les prochaines livraisons.

On voit donc que les opérations à terme ordinaires faites par le ministère de l'Agent de Change peuvent bien avoir une cause réelle, mais qui est un pouvoir d'exécuter le client à volonté, ce qui est un jeu de fait ; si ce pouvoir n'existait pas l'opération ou plutôt le compromis cesserait d'avoir une apparence de légalité ; c'est donc dans une clause abusive du mandat qu'on cherche et qu'on fait consister la légalité tandisque c'est bien au contraire ce qui fait de l'opération un jeu de Bourse ; et par une conséquence tout à fait semblable, toutes les fois que la responsabilité de l'Agent de Change devrait se trouver engagée, on considère alors les causes d'opérations comme étant fictives, au moyen de quoi cette responsabilité n'a point de suites.

Cette manière d'envisager la chose est la seule usitée : voici comment Bresson la présente et l'approprie au Système de la Bourse : page 128 il dit, que les agents de Change ont seuls le droit de faire des négociations d'effets publics soit au comptant soit à terme ; il se trompe ; ni la Loi du 28 ventose an 9, ni le code de Commerce § 76 ni l'ordonnance du 29 May 1816 qu'il cite ne disent un seul mot d'opérations à terme ; les agents de Change n'ont pas un pareil droit à l'égard des compromis ou marchés à terme ordinaires ; ils ne le tirent pas de leur office ; ils se le font donner abusivement au moyen d'un pouvoir illimité en matière d'opportunité qu'ils surprennent au client et encore un tel mandat ne peut avoir aucun effet légal contre l'agent de Change ; il est nul quant à l'office et quant à la personne de celui-ci : page 282. il conseille d'employer le ministère des agents de Change préférablement à celui des coulissiers parceque dit-il les opérations de ceux-ci n'étant point permises par les Lois, il en résulte que la bonne foi et le sentiment de l'honneur sont les seules garanties sur lesquelles repose l'exécution de leurs marchés ; mais pourquoi vouloir induire en erreur sur ce point ; car il faut croire que Bresson a voulu donner à entendre que l'Agent de Change présentait effectivement une responsabilité légale ; nul doute lorsqu'on lit la phrase qui précède que ce ne fut là son intention ; cependant & par une nouvelle erreur non moins grande que la première quoiqu'elle semble en contredire le texte, il ajoute : l'agent de Change est revêtu d'un caractère d'autorité qui offre une responsabilité morale qu'on chercherait vainement ailleurs, et cette responsabilité est encore garantie par le cautionnement de 125 mille francs que l'agent de Change verse à la caisse des dépots & consignations. voila donc la garantie prétendue légale d'un cautionnement & qui est nulle et non applicable dans l'espèce comme nous l'avons déjà dit, qui se résout en conséquences morales ; mais pourquoi ne pas dire ce qui en est et qu'est-ce qui forme le caractère d'autorité dans les compromis ou marchés à terme ! c'est uniquement comme on l'a vu, un pouvoir illimité très illégalement surpris par l'Agent de Change à son Client ; c'est là une singulière autorité et il faut en convenir une responsabilité morale bien étrange que celle d'un Banquier de Jeu qui s'insinue de la sorte, alors que tous les résultats possibles sont toujours réglés sur ses convenances et sont interprétés dans son intérêt personnel ; encore une fois il ne peut pas y avoir de caractère d'autorité dans les compromis et marchés à terme, sans l'irresponsabilité de l'Agent de Change ni celle-ci sans des pouvoirs illimités que les Tribunaux ne sauraient sanctionner expressément de même qu'il ne peut pas y avoir de ministère légal, ni de mandat légal, ni de contrat de vente valide en ce qui n'est point autorisé ; mais alors quelle idée doit-on se former de la responsabilité morale d'un faux intermédiaire légal irresponsable dans les choses prohibées et de leur nature très chanceuses ou incertaines ! Et ne devrait-on pas lui préférer de beaucoup la responsabilité morale d'un simple Banquier de Jeux de hazard dans lesquels l'adresse et la dextérité suffisamment exercées par de longs apprentissages et qui sont couvertes par des gains apparents qu'on fait faire à des personnes affidés, remplacent les pouvoirs illimités et les convenances des Agens de Change ? et encore qu'exige-t-on de l'Agent de Change sous le rapport de la moralité ? la Loi veut qu'il ne soit pas en état de faillite, ayant fait abandon de bien ou atermoiement s'il n'a été réhabilité, et qu'il n'ait pas contrevenu par une récidive aux lois des 26 novembre 1781 & 28 ventôse an 9. Or on doit y réfléchir deux fois avant de s'aventurer dans de pareils élémens de responsabilité morale ; car qu'on y fasse bien attention,

après avoir

reconnu à l'Agent de Change la qualité d'intermédiaire légal dans les marchés ou compromis à terme ordinaires, on ne peut plus contester ses actes sans être réputé vouloir le tromper; et c'est pour appuyer toujours mieux et couvrir ce principe que tous les écrits sur la Bourse attribuent tant d'immoralité aux jeux de Bourse, comme si elle existait dans les opérations mêmes et que les Clients seuls fussent joueurs; tandis que l'immoralité et le Jeu n'existent que dans les clauses du compromis ou mandat surpris au client, dans le contrat de vente illégal & dans l'exercice d'un faux ministère légal et irresponsable; mais il fallait bien adoucir une conséquence aussi fausse que rigoureuse, c'est pourquoi on la couvre par ce même contrat aléatoire sous le nom de Jeux de Bourse.

3°. L'Agent de Change a tous les moyens de faire crier tel cours fictif que bon lui semble et selon ses convenances.

4°. Dans les négociations au comptant il répond de la solvabilité de son confrère, parcequ'ils doivent être nantis, l'un des effets vendus, l'autre de l'argent pour les payer; mais dans les marchés ou compromis à terme si le confrère est nommé l'Agent de Change n'en répond pas. d'après la formule d'engagement qui établit que tout se fait aux périls et risques du Client; et parceque le dépot officiel des rentes vendues n'ayant pas lieu, il ne peut plus y avoir de responsabilité légale ni sous ce rapport ci ni à d'autres égards & l'on sait à quoi cela expose le Client; car c'est une nouvelle chance de bénéfice pour l'Agent de Change qui peut compenser ses opérations prétendues avec son confrère et devenir ainsi le propriétaire des différences; mais c'est encore pire si l'autre Agent de Change n'est pas nommé; car alors le Client accepte tacitement son propre agent de Change comme adversaire et aurait ainsi bien mauvaise grace de se plaindre si même on fait pour son compte des opérations à son insu, contrairement à sa position en Bourse; si on lui fait signifier extrajudiciairement une mise en demeure après la fermeture de la Bourse et lorsqu'il ne peut plus y satisfaire; tout cela nous est arrivé à nous mêmes.

5° L'Agent de Change dépositaire de valeurs considérables peut faire faillite et s'il survient des évènements extraordinaires et subits au lieu de payer à son client les bénéfices que ce dernier aurait du recueillir, il lui fait encore perdre ses garanties; environ 20 faillites ont eu lieu depuis 1815, plusieurs furent de près de 7 millions.

6° Nous avons dit que le client est seul reputé joueur s'il n'a pas fait le dépot officiel des rentes vendues, et que quoique l'Agent de Change fasse de contraire à ses intérêts en vertu du mandat dont il est investi, il a encore le pouvoir de flétrir sa réputation en conséquence s'il trouve à propos d'étendre la perte du client au delà des garanties, celui-ci sera tenu de la supporter s'il veut qu'on ménage son crédit. La couverture fournie par le Client et le deshonneur de ce dernier sont donc deux des objets principaux de spéculation ou de jeu des Agens de Change, ce qui fait qu'ils ont grand soin de faire insérer dans la Gazette des Tribunaux et autres Journeaux tous les jugemens rendus pour Déni de dette de jeu, en tournant presque toujours l'article d'une manière piquante et offensante pour le client; mais cette gazette se garde bien de publier les causes nombreuses dans lesquelles figurent des Agents de Change non pour déni de leurs prétentions; mais pour les reproches et les réclamations qu'on est obligé de leur faire.

7° Et enfin sous le rapport de la fraude, les conséquences doivent être aussi graves que nombreuses, nous n'en citerons qu'une(a)

(a) Ce serait tout aussi bien le cas d'examiner si du mandat frauduleux d'un Banquier de jeux prohibés peut résulter une

Un mandataire légal irresponsable dans des choses prohibées ne pouvant se concevoir, et un contrat de vente défendu par les lois ne pouvant avoir d'effets utiles, il ne devrait résulter en droits aucune inégalité, ni surtout aucun avantage en faveur de celui qui se dit au bénéfice d'un tel titre incompréhensible. Car ce double contrat n'est point faux, il n'est que trop vrai; mais c'est le mandataire légal qui est faux et conséquemment le mandat étant de sa part une surprise, une fraude, il ne doit pas pouvoir lui profiter. — Si donc aucune des parties ne peut avoir d'action contre l'autre, il ne faut pas tout au moins que l'Agent de Change qui seul est en position hostile de fraude, conserve à titre de propriété les garanties qu'il a surprises à son client au moyen de sa qualité mystérieuse de faux intermédiaire légal irresponsable; d'ailleurs un tel dépot de garanties deviendrait dans le fait un payement anticipé de dettes de Jeu; Or ce serait un vice manifeste qu'un mandat légal en apparence pour de tels actes; et tout payement de jeu quand il est anticipé et surpris d'une façon aussi répréhensible et sous le voile de la légalité ne doit pas plus être valide qu'une reconnaissance postérieure qui aurait été faite de la dette et qui aurait ainsi la même source. Mais dira-t-on, l'Agent de Change en vertu de son irresponsabilité n'est pas le gagnant; il est dans tous les cas tenu de livrer à son confrère ou de recevoir de celui-ci les rentes soi-disant négociées, et en conséquence ce qu'il a reçu doit être appliqué à cet effet; c'est une erreur, car s'il en était ainsi, ce ne serait plus un jeu

---

— sentence flétrissante au préjudice du Client qui a ignoré le tout et si une dette contractée par suite d'un semblable mandat peut être déclarée une dette d'honneur. Sans doute que ceux qui sont sous le poids d'arrêts de cette nature ne tarderont pas à demander leur — réhabilitation.

de Bourse ; il ne peut pas y avoir deux sortes d'applications contradictoires ; l'une qui porterait sur un fait légal en ce qui touche les deux Agents de Change, l'autre qui supposerait un fait illégal entre l'agent de Change et son client et un faux ministère légal dans la personne du premier. Secondement l'art : 1967 du code civil qui dit que le perdant ne peut répéter ce qu'il a volontairement payé ; ajoute que c'est à condition qu'il n'y aura pas eu de la part du gagnant, dol, supercherie ou escroquerie. Or comment autoriser le faux intermédiaire légal irresponsable dans les choses défendues, le Banquier de jeux non autorisé ; à payer les garanties, soi-disant à son confrère ; Banquier de Jeu comme lui, sans lui donner une pleine absolution pour de telles qualités et sans déclarer qu'il n'était point joueur personnellement ; quoiqu'on avoit reconnu qu'il n'était pas non plus intermédiaire légal. Bref, quelle qualité lui donnera-t-on ? car enfin il faut qu'on lui en donne une ; en définitive une garantie surprise dans un mandat frauduleux, dans un contrat de vente prohibé, et sous de fausses apparences de légalité, ne doit pas être un paiement, surtout pas si la garantie a été le sujet, et la cause d'une exécution, et elle doit être sujette à restitution, d'autant mieux encore qu'on ne doit pas pouvoir dans aucun cas litigieux réputer valide une liquidation faite à la suite d'une convention frauduleuse et aléatoire de Jeu. Une dette de Jeu est une dette d'honneur quand le Jeu est permis, mais elle ne saurait l'être quand le Jeu lui-même est expressément défendu : je défie aucun jurisconsulte de prouver le contraire.

Ce ne sera qu'après avoir publié plusieurs livraisons sur les causes des fluctuations du taux de la rente que nous pourrons traiter l'application de l'art : 419 du code pénal aux Agents de Change et aux Banquiers ; pour le présent nous devons supprimer cette partie importante de notre sujet. —

Nous ne ferons aussi que toucher pour le moment aux autres réflexions que l'on peut faire sur le système de la Bourse par rapport aux marchés à terme.

Celui qui veut spéculer sur les effets publics (tous les commerçants et rentiers sont dans ce cas) entend parler de la Bourse de Paris comme n'étant rien moins qu'une réunion d'honnêtes gens; cependant il ne veut pas s'en tenir à des bruits et se procure les principaux ouvrages sur cette matière; d'abord le recueil des Lois et arrêtés sur la Bourse, un vol. in 8° 478 pages; Il y voit que l'Agent de Change intermédiaire légal des parties, que la Loi entoure de considération et de précautions pour qu'il justifie la confiance de ses mandans; que l'agiotage et tous ses abus, doivent être attribués à des gens sans vocation. Les commentateurs et les autres écrivains parlent bien plus encore dans le même sens; tous présentent l'Agent de Change comme étant digne de toute confiance; les opérations à terme de la spéculation comme valides si elles sont exemptes de fraude et d'agiotage et l'agent de Change lui-même affecte à tel point de se renfermer dans l'observation des Lois sur son état, sans omettre les garanties, que le Client se confie dans ces données, il est trompé!.... bien plus il n'a point d'action ni au civil ni au correctionnel et il est réputé joueur. Il apperçoit seulement alors à son grand étonnement qu'on fait retomber sur lui l'immoralité dont il vient d'être victime; en définitive l'Agent de Change lui a prêté un ministère faux, illégal et illusoire. Ce que celui-ci a reçu à titre de garantie lui est alloué comme paiement de jeu. Le Client veut remonter à la source de tant de fictions si extraordinaires; il ne découvre rien, si ce n'est que les divers réglemens qui ont paru sur la Bourse à de grands intervalles ont eu soin de dire que nul ne pourrait s'immiscer dans les opérations de rentes hormis les Agents de Change. L'art. 76 du Code de Commerce dit qu'ils ont seuls le droit de faire les négociations des effets publics; mais pourquoi sous le prétexte d'interdire ce droit à d'autres, donne t'on indirectement aux premiers celui de s'immiscer en ce qui touche ces négociations; un pareil droit doit être une conséquence de leur office lorsqu'il s'agit d'opérations légales. Aurait-on entendu qu'ils pourraient s'immiscer dans les marchés ou compromis prohibés? s'immiscer suppose l'absence de tout caractère légal; et est une chose au moins indiscrète qui ne cadre pas avec des fonctions aussi importantes que celles d'Agent de Change. Mais comme il ne peut pas y avoir de milieu entre ce qui est légal et ce qui ne l'est pas, on ne peut pas faire la supposition qui précède. Le droit de s'immiscer doit s'entendre pour la consommation des simples promesses de marchés à terme, lesquelles ne comportent point d'intermédiaires. Si la Loi permettait aux Agents de Change de s'immiscer dans des opérations illicites, elle ne saurait obliger les parties intéressées à le souffrir. A plus forte raison celles-ci ne doivent pas admettre que de faux intermédiaires simulent un ministère légal là où il n'y en a point et se fassent donner un mandat soi disant légal pour ce qui est en leur faveur, mais illusoire en tout ce qui leur est contraire.

En résumé il s'agit de fixer le sens des prohibitions; on croit que les affaires à terme sont défendues, c'est une erreur. C'est la manière en laquelle on les fait qui est seule interdite, je veux dire l'emploi d'un intermédiaire quelconque avant qu'il puisse être question de l'accomplissement de l'opération. La Loi en prohibant les jeux de Bourse et marchés ou compromis à terme ordinaires a entendu de prohiber les engagemens illégaux de négociations prétendues et à terme, et les pouvoirs illimités ou les clauses illégales que les Agents de Change font signer abusivement à leurs Clients ; c'est à dire toute opération à terme contractée par leur faux ministère. L'arrêt que nous avons cité du 7 Août 1785 est tout à fait explicite sur ce point puisqu'il déclare que les Agens de Change sont garans et responsables de la réalité des dites négociations ; en cela la Loi a été fort judicieuse ; elle a signalé l'abus, Mais la révolution de 89 est bientôt venue pour le faire triompher ; ce qui prouve que les prohibitions étaient conçues originairement pour créer un jeu de Bourse, et d'autant mieux qu'on avait eu soin d'établir un cas particulier où le ministère de l'Agent de Change pouvait intervenir légalement dans les marchés à terme, mais un cas illusoire par cela seul qu'il eut été ruineux ; et toutes les fois qu'on a voulu poser des limites à cet abus on a eu des révolutions parceque les coulissiers étaient les plus forts. Il ne fallait pas prohiber les marchés à terme ordinaires, il eut suffi de les faire connaître, c'était aux tribunaux à en faire justice ; mais on a prohibé la fraude pour qu'elle fut permise ; d'un contrat frauduleux on a fait une simple convention aléatoire de jeu, pour soustraire l'Agent de Change à l'application des Lois civiles et des Lois pénales. Aujourd'hui c'est un fait constant que personne ne voit l'abus ou ne veut le voir et que les sages dispositions de la Loi sont éludées, puisque des milliers de Clients vont chaque jour signer leur condamnation pendant que rien ne les y oblige ; et chose tout aussi singulière c'est que l'agent de Change qui surprend des pouvoirs illimités abusifs et illégaux et se fait reconnaître des fausses qualités en ce qui est interdit par les Lois est le premier qui a gratifié le Client du nom de Joueur, mais ce qui est bien plus fort c'est que celui-ci reconnait positivement qu'il l'est bien en effet, encore qu'il ne soit que joué ; on en a fait le sujet d'une pièce de théâtre qui est aussi impénétrable que l'a été jusqu'à ce moment le mandat de faux intermédiaire légal. Cette pièce pourrait devenir fort piquante, mais elle demanderait d'être retouchée.

Nous disons donc que du moment que la Loi n'admet point de vente à terme sur les effets publics sans le dépot dument constaté ou la livraison des rentes vendues, elle permet la simple promesse de transférer une somme de rentes à terme ou en nécessite l'usage. On ne pouvait pas livrer à la circulation des effets publics sans que les éventualités pussent être le sujet d'une obligation pour tous ceux qui sont dans le cas de les utiliser. Ce principe est positivement consacré par l'art. 422 du Code pénal qui établit l'exception dont nous avons parlé touchant la validité des simples promesses de transférer une somme de rentes à terme ; il est ainsi conçu : sera réputé pari de ce genre toute convention de vendre ou de livrer des effets publics qui ne seront pas prouvés par le vendeur avoir existé à sa disposition au tems de la convention ou avoir du s'y trouver au tems de la livraison. On voit que cet art. ne concerne que les conventions licites de vendre ou de livrer des effets publics et nullement les contrats de vente faits par le ministère d'agents de Change et qui sont probibés.

Ainsi quand Mollot représente les opérations à terme comme utiles au commerce, au crédit, à l'Etat et les considère comme valides, il faut croire qu'il a voulu parler non des marchés ou compromis qui n'admettent aucune responsabilité légale de l'agent de Change ; car c'eut été un vrai scandale, mais de ceux proposés entre particuliers directement. Et en effet le modèle qu'il en donne page 540 est fait pour deux particuliers qui traitent éventuellement entre eux de gré à gré et nullement pour l'agent de Change et son Client. Nulle part on ne voit qu'il soit défendu à deux particuliers de convenir entre eux d'une promesse de vente à terme ; il leur est défendu de traiter à terme par l'entremise de tout autre que d'un Agent de Change ; mais cette entremise légale est elle même restreinte à un seul cas illusoire et impossible ; il ne leur est pas défendu de le faire éventuellement eux-mêmes ;

l'office de l'Agent de Change ne leur est nullement imposé autrement que pour l'accomplissement d'une telle promesse, et il ne saurait être prescrit pour intervenir plustôt qu'autant qu'il serait légal lui-même. Le particulier rentier ou négociant qui veut user du droit commun Code civil art: déja cité est donc forcé d'agir directement et pour son compte, car alors il n'est point en contravention aux Lois; il a fait une chose permise ou a pris un engagement à ses périls et risques de transférer ou de se faire transférer une somme de rentes à terme. S'il a mal placé sa confiance, c'est son affaire. Les deux parties peuvent prendre leurs mesures, fournir la preuve requise et déposer des garanties; elles seront réciproques sans exposer aucune d'elles; ce qui est essentiel, l'égalité à tous égards sera établie autant qu'elle peut l'être; rien ne saurait blesser leurs droits respectifs. C'est à elles à s'agréer mutuellement et si l'on a le moindre doute, il faut s'abstenir.

Partant de ce principe d'égalité la simple promesse ne saurait être une convention aléatoire de jeu, et si l'une des parties ne veut pas l'accomplir, l'autre doit avoir le droit de l'y contraindre; alors les circonstances pourraient faire décider qu'il y a jeu ou pari, mais seulement de la part de celle des parties qui refuserait de remplir son engagement. — Si au contraire la promesse est volontairement résiliée par des différences, alors aussi elle cessera d'être une convention et l'on ne saurait pas mieux l'appeler une convention aléatoire de Jeu.

Mais le simple particulier doit éviter d'agir par autrui parcequ'il se mettrait en contravention aux Lois; ce n'est pas lui alors qui agit pour son compte à ses propres périls et risques, conformément à l'art: 1130 du code civil, mais c'est un tiers intermédiaire fictif couvrant un adversaire réel qui agit au nom du premier, contrairement aux lois et le tout soi-

-disant pour compte et aux périls et risques du Mandant; ce qui établit entre celui-ci et son mandataire le fait d'un contrat prohibé et aléatoire de jeu; le Mandant croit que le ministère de l'Agent de Change le déchargera des prohibitions, c'est une grande erreur; c'est au contraire dans ce faux ministère qu'existe le délit ou la contravention aux Lois; c'est là un piège bien dangereux, nul ne doit y tomber.

On a vu aussi par la jurisprudence civile et par les Lois pénales que nous avons cité que ce n'est que l'accomplissement d'une promesse de vente qui rend un marché à terme valide; encore faut-il lorsque cette promesse est suivie immédiatement de l'acte de vente, que celui-ci soit accompagné du dépot dument constaté des rentes vendues; car alors il s'agit de bien plus que d'une simple promesse, puisqu'il s'agit du contrat de vente même. On peut croire que c'est en partie pour cette raison que les cours des opérations faites à terme ne sont pas cotés officiellement, que l'Agent de Change vendeur doit remettre un bulletin certifiant le dépot de l'inscription vendue fait à la direction de la dette publique, qu'il ne pourra être accordé un délai au delà de 5 jours et qu'après l'expiration de ce délai, la partie lésée par le retard sera libre de refuser la consommation de la négociation etc. etc. (Réglement du 10 fructidor an 10.) —

Des principes qui précèdent on déduit aussi la conséquence que l'art: 1185 du Code civil portant: " le terme diffère de la condition en ce qu'il ne suspend point l'engagement dont il retarde seulement l'exécution, ne saurait être appliqué dans les compromis ou marchés défendus et où s'entremet illégalement un Agent de Change; mais qu'il doit être applicable en droit à une simple promesse qui aurait été faite légalement de gré à gré entre deux particuliers; ce qui rentre dans l'esprit et la lettre de l'art: 1130 du même Code. Supposons au contraire que ce put être le cas d'appliquer à ce genre de promesse l'art: 422 du code pénal alors l'égalité ne cesserait pas d'être dans le résultat de même qu'elle aurait existé dans le principe; tandis que quand le Client opère par le ministère de l'Agent de Change il perd les garanties et a seul le deshonneur lorsmême que la cause de ce résultat serait une trangression des obligations naturelles de l'Agent de Change; ce qui est une conséquence des nombreuses inégalités qu'il y a dans le mandat ou compromis entre le Mandataire et son Mandant au préjudice de ce dernier.

Enfin l'art: 419 du code pénal ne peut concerner que ceux qui par des manoeuvres frauduleuses auraient opéré la hausse ou la baisse des effets publics au dessus ou au dessous des prix qu'auraient déterminé la concurrence naturelle et libre du commerce: On verra bientôt de quelle manière doit être faite l'application de cet art: ainsique nous l'avons dit page 47.

La concurrence naturelle et libre du commerce est donc expressément consacrée par la législation criminelle comme étant la base du taux de la rente et comme devant régulariser ce taux; c'est-à-dire qu'on peut assimiler en quelque sorte l'individu qui rendrait fictif le cours de la rente à celui qui mettrait en circulation des faux billets de banque ou des fausses monnaies puisque les uns et les autres sont jugés correctionnellement. Or cette concurrence seraient nécessairement illusoire si elle était subordonnée aux convenances d'une compagnie exclusive et puissante, telle que la compagnie des agents de Change; elle ne peut résulter au contraire pour les opérations à terme que des débats contradictoires entre les parties elles-mêmes. L'usage de ceux ci doit donc s'établir en Bourse en tout ce qui touche les éventualités et l'opportunité deux choses qui sont entièrement en dehors de l'office de simple intermédiaire légal des parties.

Il y a encore cette autre distinction à faire; qu'en opérant par le ministère de l'Agent de Change ; l'opération quoiqu'illégale ne peut pas être resiliée ou n'est jamais censé l'être de gré à gré ; car ce serait convenir de la fausseté du soi-disant ministère légal de l'Agent de Change, ce dont il veut bien se garder. C'est la raison pour laquelle le client qui a fait vendre ne peut liquider son opération que par un rachat, ni celui qui a fait acheter sans avoir revendu, ou l'un et l'autre sans s'être fait reporter pour le mois suivant. On conçoit aussi que ces nouvelles opérations sont encore imaginées pour doubler les courtages de l'Agent de Change. —

C'en devrait être assez pour démontrer combien il est absurde d'employer un faux intermédiaire légal dans les opérations à terme qui doivent se résoudre en différences : D'abord on n'en a nul besoin ; un intermédiaire n'est pas institué pour cela ; son ministère est entièrement illusoire en droit et en fait, tandis que le mandat qu'il se fait donner rend tous les genres de prévarications possibles ; Il peut à tout instant composer une fable comme bon lui semble pour s'approprier les garanties qui sont entre ses mains ; les abus de confiance les plus vexants, les faux de toutes espèces, le mensonge, la violence, l'escroquerie et la fraude ; tout sera valide et légal de sa part pour ce qui le concerne et tout sera jeu et déni d'une dette d'honneur de la part du Client. Etant irresponsables les Agents de Change tirent parti de tout ; rien n'est rationnel que ce qui entre dans leurs poches, rien n'est honorable que de se laisser dépouiller par eux ; et comme ils forment une compagnie exclusive et qu'ils s'accordent tous si le client en mécontente un et qu'il veuille en employer d'autres il sera encore plus maltraité par ceux-ci qu'il ne l'aura été par le premier. Il y en a même qui exigent de leurs Clients des lettres de recommandation à l'instar de Frascaty où l'on ne joue que gros jeu (a). En un mot le Client qui a signé le mandat

(a.) maison de jeu à Paris. —

illégal et le contrat de rente fictif est tenu de souscrire à tout ce qu'on trouvera à propos de faire de contraire à ses intérêts, sans son autorisation et sans sa participation. Loin de rougir de tels actes l'agent de change s'en fait un mérite, ou les représente comme une nécessité à raison qu'on abuse soi-disant de son office.

Ces Clients qui se plaignent sont des joueurs, dit-on, puis on ajoute qu'on n'empêchera jamais le jeu, ni la cupidité, pas plus qu'on ne saurait empêcher la paillardise et l'ivrognerie ; c'est fort bien, mais qui sont les vrais cupides ! et secondement si l'on ne peut pas empêcher la spéculation c'est parcequ'on ne doit pas le faire ; mais on peut et l'on doit empêcher qu'il y ait des larrons, publiquement officiellement et sous le voile d'une infaillible délicatesse. Il en est de même de tout le système de la Bourse qui a des protecteurs si puissants et en si grand nombre que les résultats des abus les plus criants tournent toujours en définitive à son avantage.

Et qu'importe à l'Agent de Change de n'avoir point d'action contre le client lorsqu'il a acquis la propriété des garanties, qu'il peut encore déverser le déshonneur sur celui-ci, ce qui l'induit fréquemment à excéder ses garanties ; mais où donc le client a-t-il l'esprit de se livrer de la sorte ; autant vaudrait-il donner tout son bien pour faire mêler des cartes ; et en effet le client est dépouillé s'il est réputé joueur avant d'avoir fait la partie ; la spéculation de la rente n'est pas un jeu, elle est une véritable opération de commerce ; si par l'événement il arrivait que ce fut de la part d'une des parties un pari sur la hausse ou la baisse, ce ne doit pas être un jeu de hazard qui ne présenterait aucune chance pour le joueur. Un tel pari ne comporte point de Banquier non autorisé et sur gages, puisqu'il est prohibé ; certes les jeux de hazard ne le sont pas ; les Banquiers de tels jeux sont institués légalement. Donc si absolument on veut être joueur sur la rente, qu'on garde pour soi les chances du jeu ; nous le répétons, si les deux parties veulent accomplir leur promesse elles sont toujours à tems de recourir au ministère de l'Agent de Change lorsqu'il s'agira d'effectuer la livraison ; jusqu'alors il est naturel que ce soit aux intéressés de débattre eux mêmes leurs intérêts, de limiter leurs risques, de calculer leurs chances, enfin de s'agréer mutuellement et de convenir plus tard s'ils feront exécuter ou s'ils résilieront une simple promesse de transférer une somme de rente à terme ; car on saura au moment de la livraison, si la somme de rente qui doit être livrée est en effet au pouvoir du vendeur, auquel cas seulement le ministère de l'Agent de Change peut et doit intervenir ; C'est donc de leur ressort et nullement du ressort d'un faux intermédiaire légal irresponsable s'immiscant dans ce qui est étranger à l'office légal d'Agent de Change.

Dira-t-on que le ministère légal de ce dernier dispense les parties d'être mises en présence et d'être nommées ! pour toute réponse il suffirait de demander s'il faut un courtage de 200 francs par chaque 3 mille de rentes, pour si peu de chose ; et s'exposer à des sinistres ; mais ce n'est pas un inconvénient pour les parties d'être mises en présence ; au contraire c'est par ce moyen qu'elles découvrent la concurrence ; sans laquelle elles ne sauraient avoir des données sures pour se conduire convenablement. Ainsi lorsqu'on emploie le ministère des Agents de Change, ils connaissent seuls l'état des offres et des demandes, ce qui leur permet de faire crier les cours au préjudice du plus grand nombre de leurs Clients et de faire entr'eux ou avec eux-mêmes leurs compensations d'après les mêmes principes qui sont toujours leurs propres convenances au détriment de leurs Mandants.

Et quant à l'utilité du secret elle ne saurait être que pour couvrir le faux intermédiaire ; à part cela elle est un préjugé tellement grossier que le bon sens du public ne saurait tarder à en faire justice ; en effet si ce n'était le discrédit attaché aux risques auxquels on s'expose en employant l'office d'un Agent de Change.

dans des marchés et compromis prohibés on n'aurait aucun intérêt à exiger le secret ; — que ces risques disparaissent, le motif cessera. —

Sans vouloir rechercher les moyens par lesquels on a fait prévaloir l'abus, il en est un qui me paraît devoir être signalé. —

La Coulisse est une fausse institution pour simuler des opérations prohibées à terme faites directement, tandisqu'elles devraient être les seules véritables, et c'est afin de déprécier au plus haut point le seul mode d'opérer à terme qui devrait être usité, je veux dire celui de promesses faites directement entre parties et d'établir le fait de jeu dans les transactions qui se font de gré à gré, pour empêcher par ce scandaleux exemple le public de traiter lui-même des promesses à terme réelles ; ce qui fait voir que les deux offices de Coulissiers et de Banquiers de Jeux sont combinés l'un avec l'autre, ainsi que nous l'avons déja démontré dans nos Mémoires. (a.) Mais c'était il faut le dire afin de couvrir le faux ministère de l'Agent de Change dans les opérations à terme qui sont fictives et se réduisent à des payemens de différences, ce qui est parfaitement comme si l'on résiliait la promesse de transférer une somme de rentes, avec cette différence qu'il leur est défendu soit de faire aucun acte de commerce pour leur compte, soit de payer ou de recevoir pour compté d'autrui, et que tout se résout nécessairement en transgressions de leur part aux lois de leur office. Si un particulier disait à un autre : la Loi

(a.) Il y est dit entr'autres qu'il y a des Agents de Change qui travaillent d'ordinaire avec ce qu'on appelle la coulisse ; mais comment se peut-il qu'un Coulissier qui ne reçoit que 25 francs par chaque 3 mille de rentes emploie un Agent de Change auquel il doit en payer 50 — il existe donc des rapports entr'eux qui reposent nécessairement sur d'autres convenances respectives. —

prohibe les jeux de Bourse, mais reconnaissez moi pour votre Banquier de Jeux, c'est à dire payez moi un droit de 100f par chaque 3. mille de rentes comme si en effet j'exerçais les fonctions légales d'Agent de Change; cette supposition est bien permise en ce qui est défendu, donnez moi de plus des garanties suffisantes et des pouvoirs illimités pour faire crier les cours de la rente; pour vous exécuter et vous deshonorer le tout à ma volonté, que lui répondrait-on? Que d'incompatibilités et d'effronteries révoltantes! C'est pourtant ce que font à chaque Bourse, sans nulle mission légale Soixante Banquiers de jeux prohibés se couvrant faussement du caractère d'officiers publics; et c'est ce mandat illégal, ce contrat fictif de rente que le projet de Loi du mois de Novembre 1832 voudrait assimiler à la lettre de Change pour que le faux intermédiaire eut la faculté de se rembourser de ses découverts par de simples comptes de retours tant pour les ordres que le Client aurait signé que pour ceux qu'il aurait fait souscrire. On comprend quelle extension acquerrait alors le principe et quels seraient ses immenses développements.

C'est donc sans cause comme sans raison qu'on se sert du ministère des Agens de Change dans les compromis d'opérations à terme ordinaires qui doivent être des simples promesses qu'on est aussi libre de résilier par des différences qu'on l'est de les accomplir et qu'on le fut de les contracter; l'agent de Change ne doit pas plus s'immiscer dans les affaires projettées entre parties, que nul ne doit s'immiscer dans l'exercice de l'office légal de l'Agent de Change; il ne faut surtout pas donner des pouvoirs illimités quand c'est le mandataire lui-même qui dirige les éventualités comme bon lui semble; ni prendre des faux intermédiaires qui prodiguent dans tous les Journaux les épithètes d'agioteurs et de joueurs à leurs Mandants afin de mieux les dépouiller; ni enfin se soumettre à faire un dépot de garanties qui ne serait pas réciproque. Si l'Agent de Change exige un tel dépot c'est une preuve qu'il a de mauvaises intentions s'il ne se fie pas à son client, celui-ci ne doit pas se fier à l'Agent de Change.

Ainsi d'une part tant qu'il ne s'agit que de débats et de simples promesses dans les opérations à terme et non du contrat de vente même, l'Agent de Change doit y être étranger; la nature de ses fonctions et la Loi le prescrivent. Et ce n'est que par un abus inouï qu'on a fait prévaloir l'usage contraire. D'autre part la défense de s'immiscer n'est nullement applicable aux parties elles-mêmes. On en a la preuve dans l'ordonnance rendue le 17 Juillet 1736 qui statue sur une plainte portée contre douze individus par les Syndics et adjoints de la Compagnie des Agens de Change, à raison qu'ils étaient accusés de s'être immiscé dans les fonctions d'Agent de Change. Ces prévenus ayant dénié avoir fait aucune opération que pour leur compte personnel et les Agents de Change ayant persisté dans les faits portés par leur requête, il fut ordonné que les parties feraient respectivement preuve de leurs faits par devant le commissaire Menyer pour les enquêtes faites et rapportées, être ensuite ordonné ce qu'il appartiendra.

J'observe encore que quoique je sois loin d'approuver le ministère des Coulissiers dans les marchés à terme défendus, on ne peut pas dire qu'en l'exerçant ils s'immiscent dans les fonctions d'Agent de Change puisque ces derniers n'ont réellement aucune vocation légale dans de tels marchés et que dès lors rigoureusement parlant la prohibition ne peut plus être appliquée aux premières ni ceux-ci mériter le nom de Courtiers marrons, ils sont Entremetteurs de fraudes.

Les convenances du public et surtout du commerce n'auraient pas besoin d'être signalées d'une façon plus particulière ; c'est à un chacun à y pourvoir, la Loi l'autorise puisqu'elle ne saurait l'empêcher.

Les avantages que les clients retireront de traiter dorénavant entr'eux peuvent être évalués à environ 30 millions par an pour des simples droits de courtage tant au Parquet que dans la Coulisse et sans compter le produit énorme des exécutions faites dans ces deux offices et celui des exploitations du Barreau.

Pour obtenir les autres améliorations nécessaires, il faut se passer du ministère des Agents de Change comme faux intermédiaires ; si on continue à l'employer on n'obtiendra aucun changement bien important. Un seul intermédiaire légal dans une promesse à terme, si toutefois il est jugé nécessaire suffirait quand les parties seraient mises en présence. Son ministère est le seul qui puisse être approprié à la nature du sujet, aux éventualités, à l'opportunité qui le distinguent ; en un mot aux chances et aux résultats qui peuvent être l'objet des opérations à terme, soit qu'on veuille résilier de telles promesses soit qu'on veuille en procurer l'exécution. Un droit modique, une responsabilité légale, seraient des garanties bien préférables aux convenances des faux et dangereux intermédiaires actuels.

Fin du Parère extrait de Mollot page 541.

5°. Que les marchés à terme, appelés marchés fermes, tels qu'ils sont en usage aujourd'hui à la Bourse de Paris, c'est-à-dire restreints au terme de soixante jours, et soumis à la condition de la livraison anticipée lorsqu'elle est réclamée par l'acheteur, sont également dans l'intérêt du Gouvernement et du commerce :

Du Gouverment, parceque l'Etat ne pourrait faire les négociations de rente nécessitées par le système de finances adopté maintenant, sans le secours de ces sortes de marchés, et cependant le système des finances, basé sur le crédit, est une des conditions principales de la force et de la puissance des gouvernemens modernes ;

Du Commerce, parceque ces marchés donnent aux porteurs de rentes un moyen certain, expéditif et peu onéreux de se procurer, aussitôt qu'ils le veulent les fonds dont ils ont besoin, en donnant pour garantie ces mêmes rentes ; que d'un autre coté, les capitalistes y trouvent le moyen de placer leurs fonds pour aussi peu de tems qu'ils le veulent, et avec la certitude d'y rentrer à leur volonté. Ainsi, d'un côté, les rentes deviennent un véritable signe représentatif et augmentent la masse des capitaux;

= et,

et, de l'autre, tous les capitaux inactifs trouvent un emploi d'autant et d'aussi peu de durée qu'il convient à leurs possesseurs. Cette augmentation de signe représentatif et de capitaux circulans tend nécessairement à en faire baisser le prix, c'est-à-dire l'intérêt, et par là rend au commerce le plus utile de tous les services.

Par ces motifs, les soussignés estiment que les marchés dont il est question sont indispensables dans la situation présente de la France, et que la jurisprudence adoptée par la cour royale (qui s'appuie sur d'anciens arrêts du conseil, rendus à une époque et dans des circonstances qui ne peuvent être assimilés en aucune manière à celles où nous nous trouvons), est en opposition avec les véritables intérêts politiques et commerciaux de notre pays. —

Signés, J. Laffitte. Mallet frères, Rougemont de Lowemberg, Périer frères, Pilletwil, Guérin de Foncin, L. Durand, J Lefebvre, De-Chapeaurouge, César Delaparouze, Gontard, J.P. Chevals, Ardoin-Hubbard. Oppermann = Man-

Mandrot, Thuret, Jonas Haguermann, André Cottier, A. Jaosal, A. Odier, J.-A. Blanc-Colin, J-G Caccia, Gabriel Odier, J. Labat etc., etc. —.

Traité de la Bourse et de la spéculation

par

L: Borel Négociant

Prix 3 francs.

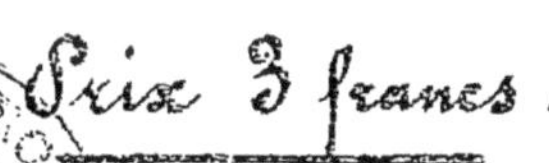

Paris.

chez l'auteur, rue Mazarine N° 54.

Juin 1835.

composition et propriété de l'auteur.

Lith. de S. Barrier P.te Dauphine, 7.

Suite

(66.)

Requête au Roi.

Sire !

Le ressortissant d'un de vos plus fidèles alliés supplie très-humblement votre Majesté de lui faire rendre justice.

Un Agent de Change près la Bourse de Paris qui était chargé d'affaires garant pour compte d'absent dans des négociations à terme d'effets publics, a abusé de son mandat pour compromettre une partie de la fortune de son Mandant ; il a ensuite abusé de sa prétendue irresponsabilité pour s'approprier les Capitaux de celui-ci, et même pour en séquestrer après qu'il fut payé provisoirement.

De tels actes, Sire, qui peuvent paraître fort naturels à des agents de Change lorsqu'ils sont des Banquiers de jeux prohibés, ne peuvent pas être tolérés à des Agents de Change commissionnaires.

Le soussigné, Sire, a formé une action au correctionnel contre cet Agent de Change le 10e Novembre 1834 pour contraventions aux Lois, abus de confiance et escroqueries ; mais quoiqu'il ait satisfait à tout ce qui a été légalement exigé de lui, il se voit contraint de supplier votre Majesté de donner des ordres pour qu'il soit procédé sur sa plainte au correctionnel dans laquelle il s'est porté partie civile et surtout pour qu'il y soit procédé d'une manière légale ; pour qu'on lui rende son huitième Mémoire qui a disparu à l'audience de la Cour royale de Paris 1re Chambre ainsi que dans les ateliers de l'imprimeur ; pour qu'il soit fait main levée des séquestres illégaux dont il s'agit ; et enfin pour que ses avoués lui donnent des copies de leurs actes judiciaires et de ceux de l'Agent de Change ou lui communiquent les erreurs et omissions qui ont été faites par eux à son préjudice.

Sire, il y a près de deux ans et demi que le soussigné poursuit vainement cette affaire ; les difficultés que lui opposent tous ceux qu'il est obligé d'employer étant insurmontables, ce qui montre qu'ils ne sont point libres (le soussigné a acquis suffisamment d'autres preuves à cet égard) il n'a pu se déterminer à soutenir une telle lutte qu'en vue d'être utile à la postérité ainsi qu'à la génération présente.

Ce qu'il a du souffrir, Sire, lui fait un devoir de supplier Votre Majesté, d'ordonner que les Clients des Agens de Change soient désormais placés sous la protection des Lois, et de permettre qu'il se rende auprès d'Elle, l'interprète des milliers de personnes injustement dépouillées par les membres de cette compagnie et qui toutes seraient trop heureuses si elles étaient de ceux-ci les dernières victimes.

Sire, de Votre Majesté, un ancien et fidèle sujet du Département de la Meuse.

Paris, le 3 Juin 1835. L. S. Borel Négociant à Yverdun au canton de Vaud en Suisse.

1re Application. 3e Livraison. 2e du sujet.

Application du système de la Bourse aux Clients des Agents de Change.

Suite de la première livraison. Première démonstration que quatre articles du code de Commerce et six articles du code pénal sont correctionnellement applicables à l'Agent de Change dans l'exemple dont il s'agit.

L'Agent de Change chargé d'affaires garant pour compte d'absent dans des opérations à terme sur les effets publics est-il responsable envers son Mandant de sa gestion et de ses actes et comment est-il responsable ? telles sont les deux premières questions que nous allons examiner.

J'ai déjà fait voir qu'il y a deux sortes d'opérations ou de compromis à terme l'une qui est permise et l'autre qui ne l'est pas ; l'opération permise est celle dont le contrat de vente a lieu au moment de la livraison ou du dépot des effets vendus ; dans l'un et l'autre de ces deux cas — elle peut avoir lieu éventuellement, c'est-à-dire dans le premier par une simple promesse de transférer une somme de rente à l'époque convenue moyennant que le vendeur justifie que les rentes vendues étaient à sa disposition au moment de la convention ou auraient du s'y trouver au tems de la livraison et dans le second par un dépot dument constaté des rentes vendues.

Quant à l'espèce prohibée, ce n'est pas précisement l'opération qui est défendue, car il n'y en a point , étant simplement un jeu ou pari qui consiste dans des choses fictives ou supposées, mais c'est le marché ou compromis et le jeu lui-même qui sont prohibés. Nous avons démontré aussi que l'un ne peut pas exister sans l'autre hormis qu'il y eût des manoeuvres qui tendraient à faire varier le cours et seraient un délit prévu par les art: 419, 421 et 422 du code pénal; ce qui peut concerner aussi bien l'Agent de Change que le Client; s'il ne s'agit que d'un simple marché à terme prohibé, ce doit être un cas qu'on peut considérer non comme un délit, mais comme l'effet d'une loi vicieuse, du moins en ce qui concerne le Client qui ignore ce qui en est. En effet comment concevoir un jeu de Bourse sur des effets publics, sans qu'il y ait un Banquier de jeu, ce serait impossible, puisqu'aucun de ces effets ne peut se négocier que par un Agent de Change; les parties intéressées ne peuvent pas faire elles-mêmes éventuellement un contrat de vente, comme elles peuvent le faire pour de l'huile, des Spiritueux ou toutes autres marchandises dont la vente n'est pas exclusivement réservée à des Courtiers spécialement chargés de cette attribution. Enfin nous avons vu quand et comment l'Agent de Change est un Banquier de jeux prohibés et pour quelles raisons le compromis qu'il fait souscrire à son Client est défendu sous la seule et simple peine de nullité, ce qui est dans le fait autoriser indirectement l'Agent de Change à être un Banquier de jeux sur gages à ses périls et risques comme simple particulier.

Telles sont d'une part les conditions des opérations à terme permises et d'autre part les conditions des marchés ou compromis à terme défendus.

Dans quelle de ces deux catégories doit se placer l'Agent de Change chargé d'affaires garant pour compte d'absent et son Mandant; les ordres donnés par celui-ci; enfin les actes par lesquels l'Agent de Change prétend les avoir exécutés?

Et d'abord nous avons vu qu'il existait une convention entre l'Agent de Change et son Mandant, par laquelle le premier s'était chargé de faire les affaires de l'autre avec sa garantie, moyennant des latitudes limitées, un salaire et des couvertures.

Reste à savoir s'il s'agissait de faire des jeux de Bourse et des marchés fictifs ou si au contraire il devait être question d'opérations réelles.

Nous l'avons déja dit, on ne peut rien ajouter au contenu d'un mandat, d'une convention; le sens ne peut surtout pas en être interprêté défavorablement aux deux parties et en telle sorte qu'on supposerait qu'elles ont entendu de contrevenir aux lois, de blesser la morale et de commettre des fraudes ou des actes de mauvaise foi; Leur silence sur tous ces points et plus encore le caractère dont est revêtu l'Agent de Change ne sauraient donner prise contre elles. Jusquelà il faut donc croire qu'il a été question d'opérations réelles et nullement de jeux de Bourse; mais on en a la preuve positive comme nous l'avons déja démontré, dans la nature et dans les termes de la convention et des ordres donnés et qui étaient de vendre et d'acheter des rentes et nullement de parier et de jouer, car l'Agent de Change n'a point eu de mandat illimité en matière d'opportunité; bien plus son mandat a été expressément limité; il ne pouvait pas agir à sa volonté, mais il devait le faire à la volonté de son Mandant, sauf qu'il pouvait réaliser les opérations lorsque les garanties seraient absorbées et avant d'avoir fait un découvert et demandé de nouvelles garanties pour que l'opération fut conservée au Mandant; celui-ci n'avait point souscrit de contrat de vente prohibé il avait approuvé une vente à terme, mais elle devait être faite légalement aux termes de l'art. 422 du Code pénal ainsi que le supposait le ministère de l'Agent de Change et la convention par laquelle il s'était chargé de représenter son Mandant. Ce qui le prouve encore, c'est qu'aussitôt que ce dernier eut appris que l'Agent de Change avait transgressé son mandat il lui écrivit qu'il laissait pour son compte l'opération commencée. —

Nous en avons conclu que le mandat avait pour objet un acte de commerce, non un jeu de Bourse; si ce mandat était défendu à l'Agent de Change il ne l'était point à son Mandant; celui-ci n'était donc point joueur; conséquemment l'Agent de Change ne pouvait pas se livrer pour son propre compte à des actes de Banquier de jeux prohibés sans être responsable envers son Mandant. Il devait faire des opérations réelles ou tout au moins se renfermer dans l'exécution de son mandat s'il voulait ne pas encourir la responsabilité qu'il avait prise à sa charge.

Nous avons vu comment le mandataire avait transgressé ses obligations et ses pouvoirs et comment il avait ensuite voulu substituer la qualité de faux intermédiaire légal irresponsable à celle de chargé d'affaires garant; en définitive il avait transformé un acte de commerce de son commettant en un jeu de Bourse pour son propre compte; il avait été commissionnaire et se disait faussement un Banquier de Jeu; le résultat était bien en effet un jeu de Bourse, mais c'était un fait personnel à l'Agent de Change et opéré contrairement à son mandat, pour son propre compte et à ses périls et risques.

Pour découvrir toute la distance qu'il y a de la première de ces vocations à l'autre, il suffit de rappeler qu'elles sont régies par des règles toutes différentes. L'Agent de Change commissionnaire agit réellement; il le fait pour le compte et aux risques et périls de son Mandant tant qu'il se renferme dans l'exécution de son mandat; s'il transgresse ce mandat, c'est à ses périls et risques, il est légalement responsable de sa gestion et de ses actes. Nous verrons bientôt comment cette règle tirée du code civil art: 1989. 1991 et 1992 est applicable dans l'espèce à l'Agent de Change. Au contraire le Banquier de jeux de Bourse n'agit que fictivement pour le compte de son Client et toujours il le fait aux périls et risques de celui-ci, c'est-à-dire avec des pouvoirs illimités, ce qui fait qu'il n'a point de responsabilité légale.

De ces principes et des faits on déduit les conséquences les plus accablantes pour l'Agent de Change; de toutes parts surgit l'intention et le fait de fraude.

Plusieurs corps de délits d'abus de confiance et d'escroqueries viendront figurer sur la scène, indépendamment de circonstances graves et de préjudices considérables. —

On conçoit dès lors que si même la garantie promise par l'Agent de Change à son Client avait été déclarée nulle par un Jugement comme illégale, le premier n'en serait pas moins recherchable à raison de la responsabilité légale qu'il aurait encourue pour avoir eu le mandat limité de chargé d'affaires pour compte d'absent et pour ne l'avoir point rempli; car un pareil mandat n'est pas un compromis défendu au Mandant comme l'est le compromis en mandat illimité et le contrat de vente illégal qui constituent un jeu de Bourse qui est défendu pareillement à l'Agent de Change et certes c'est une prétention bien extraordinaire que celle d'un Officier public qui veut être un chargé d'affaires garant faux intermédiaire légal irresponsable à 120 lieues de distance, car c'est vouloir exercer deux sortes de guet-à-pens dans un seul et même sujet. —

au surplus la garantie positive de l'Agent de Change n'a point été annullée par un jugement et qui plus est elle ne pourait pas l'être puisque non seulement la demande n'en a pas été faite mais que s'il est défendu à l'Agent de Change de se porter garant des opérations dans lesquelles il s'entremet, il ne l'est point au Client d'accepter une telle garantie. La preuve que tant celle-ci que la qualité de chargé d'affaires pour compte d'absent doivent avoir leurs effets est encore que l'une et l'autre sont interdites à l'Agent de Change lui seul, à peine de punitions correctionnelles et de dommages intérêts envers la partie lésée.

Ainsi c'est au correctionnel comme nous l'avons déja dit et point au civil que l'Agent de Change est légalement responsable comme chargé d'affaires garant pour compte d'absent, à raison des prohibitions de son office.

Or, ou l'opération sera considérée comme un jeu de Bourse et alors l'Agent de Change n'a pas eu de mandat de jeu, mais il a joué pour son propre compte, ou elle sera supposée être une opération réelle et alors il faut qu'il en justifie. Dans tous les cas, il a transgressé frauduleusement ses pouvoirs et les Lois, et doit être correctionnellement responsable. Cet argument est désormais sans réplique. Voici comme nous le prouvons encore :

Entre marchands et particuliers donner prise contre soi, c'est offrir à son égal un mandat d'agir à sa convenance pour tromper celui qui est ainsi livré à un plus habile qu'il ne l'est lui-même. Ce n'est pas honnête, mais c'est le train du monde, il n'y a aucune pénalité pour de tels cas ; de la part d'un officier public c'est plus sérieux ; celui-ci ne doit pas tromper à la manière des Banquiers, des marchands et de tout le monde. On profite d'autrui par la ruse et par toutes les subtilités possibles lorsqu'il y a égalité entre les parties ; elles sont bien libres en effet de se mesurer ; mais un noble, un supérieur qui trompent un inférieur se dégradent ; entre l'officier ministériel et son Client il y a encore plus d'inégalité ; celui-ci est bien obligé d'employer le ministère de l'autre, obligation qui impose à ce dernier le devoir de s'abstenir de toute tromperie et si même il s'agit d'un cas qui ne fut point prévu par le code pénal, pas moins l'Agent de Change doit être tenu de réparer tout dommage de cette nature ; mais dans l'espèce la fraude est prévue par le code pénal, parceque il y a fraude sur fraude; la Loi autorise tacitement le vrai Banquier de jeux de Bourse probibés, ou plutôt elle se tait. Mais elle repousse et punit le faux Banquier de tels jeux, je veux dire celui qui voudrait être Banquier de jeux sans être un faux intermédiaire légal irresponsable ; car alors il y a doublement escroquerie, d'abord dans le fait d'abus de confiance et secondement dans celui de fausses qualités frauduleuses, ce qui est encore pire que si elles étaient vraies. Au surplus nous le répétons combien n'est ce pas avilir le caractère d'homme public que d'oser soutenir devant les Tribunaux qu'on a été un Banquier de jeux probibés pour compte du mandataire absent dont on a trompé la confiance; ainsi à supposer qu'on ait voulu autoriser indirectement des Banquiers de jeux probibés, ce ne pouvait être qu'à l'égard des personnes qui déclareraient vouloir jouer elles-mêmes en Bourse et l'on ne pouvait du tout pas autoriser les Banquiers de jeux pour compte d'absents, c'est à dire que la prétention de l'Agent de Change d'être un faux intermédiaire légal irresponsable, ne serait pas admissible lors même qu'il en aurait eu le mandat et à plus forte raison puisqu'il ne l'a point eu.

Le Législateur a donc senti que des moyens frauduleux tels que ceux qui établissent le Banquier de jeux défendus ne peuvent être employés envers des Mandants absents et seraient un vrai abus de confiance et une surprise exercés contre ces derniers, et dès lors il a classé ce sujet dans le nombre des délits qui doivent être réprimés correctionnellement.

C'est-à-dire que la législation a dû prévoir le cas où le Banquier de jeu non autorisé mais tacitement toléré voudrait étendre son exploitation frauduleuse au delà de ses limites naturelles. Ce cas est celui où l'Agent de Change agirait avec des pouvoirs limités, pour compte d'absent dans les marchés à terme, car, alors il n'est plus un Banquier de Jeu et conséquemment il ne peut plus en invoquer les prétendus privilèges, mais il devient justifiable des Lois correctionnelles qui sont communes à tous les officiers et fonctionnaires publics.

Celles-ci se trouvent reproduites en partie pour ce qui concerne l'Agent de Change de même que l'arrêt du 24 Septembre 1724 dans les art: 85, 86, 87 et 88 du code de Commerce; ces quatre articles ont établi les défenses qui sont particulières à l'Agent de Change et ont déterminé les peines qui lui sont applicables lorsqu'il se permet de les enfreindre.

Ainsi en disant: Qu'un Agent de Change ne peut dans aucun cas et sous aucun prétexte faire des opérations de commerce ou de Banque pour son compte.

Qu'il ne peut s'intéresser directement ni indirectement sous son nom ou sous un nom interposé dans aucune entreprise commerciale.

Qu'il ne peut recevoir ni payer pour le compte de ses commettans.

L'art. 85 du code de Commerce rappelle l'art. 175 du

code pénal qui défend à tous officiers ou fonctionnaires publics de s'ingérer dans des affaires de commerce incompatibles avec leurs fonctions ; Or il est prouvé que l'Agent de Ch. a transgressé toutes les dispositions de l'art 85.

La 1re. en faisant une opération de commerce ou de Banque pour son compte sous la forme d'un jeu de Bourse et secondement en ce qu'il a du agir comme chargé d'affaires garant et ainsi pour lui-même comme tel ; ce qui est une mission incompatible avec l'office de l'Agent de Change simple intermédiaire légal dans les opérations à terme.

La 2e. disposition, puisque le chargé d'affaires qui est responsable de l'observation de son mandat, n'est pas seulement un simple intermédiaire entre les parties, mais encore il est un commissionnaire qui a un intérêt qui lui est personnel soit qu'il remplisse pour le compte de son Mandant qu'il représente les formalités voulues par la loi, soit qu'il ne les remplisse pas, c'est pourquoi l'art. 32 de l'arrêt du 24e Septembre 1724 qui est toujours en vigueur défend de la manière la plus expresse aux Agents de Change de faire aucune commission pour le compte des forains ou des étrangers à moins qu'ils ne soient à Paris lors de la négociation, à peine de destitution et de trois mille livres d'amende. Secondement parce qu'il n'a point rempli sa mission, mais qu'il a agi à ses propres périls et risques et pour son propre compte dans des vues personnelles ou dans son intérêt particulier et a donné lieu à l'application de sa responsabilité, en faisant des actes en dehors de son mandat. Or il a dit lui-même qu'il l'avait fait en la qualité de Banquier de jeu qu'il s'est attribuée faussement.

La 3e. disposition, d'abord en ce que l'Agent de Change a déclaré dans un faux compte courant extrajudiciaire du

11 Mars 1833 qu'il avait payé pour le compte de son Mandant 42.000 francs en liquidation de Février de la même année — ; en second lieu parcequ'il s'est attribué faussement la qualité de faux intermédiaire légal irresponsable et qu'il n'a pas été autorisé à faire ce prétendu payement pour le compte de son commettant, qu'au contraire il est démontré qu'il a enfreint ses pouvoirs et n'a point voulu justifier de ses prétendues opérations, ce qui ne peut avoir eu d'autre but que de remplacer une liquidation qui n'a pas été faite et des réalisations de marchés qui n'ont pas eu lieu.

Enfin l'Agent de Change a contrevenu à l'art. 86. qui dit qu'il ne peut se rendre garant de l'exécution des marchés dans lesquels il s'entremet, puisqu'il s'est constitué le chargé d'affaires de son Mandant avec sa garantie et qu'il a dénié une telle responsabilité sans dénier l'engagement d'être responsable. On ne peut pas objecter que comme Banquier de jeu l'Agent de Change ne s'est point entremis dans aucune opération commerciale et que sa garantie ne portait point sur une opération d'effets publics, mais sur un simple jeu de Bourse — puisque nous avons déjà fait voir qu'il a donné sa garantie comme Agent de Change chargé d'affaires pour compte d'absent, et point comme Banquier de jeu; conséquemment loin que la qualité de faux intermédiaire légal irresponsable qu'il s'attribue faussement doive atténuer sa contravention à l'art. 86 elle lui donne au contraire un caractère de fraude bien prononcé — . Le même fait de fraude se retrouve dans la contravention aux trois dispositions de l'art. 85. Ainsi puisque l'escroquerie et l'abus de confiance se joignent à chacune de ces transgressions. On ne saurait disconvenir qu'indépendamment de toute application ultérieure du code pénal, les art. 87 et 88 du code de Commerce qui prononcent des peines correctionnelles de destitution irrévocable et d'amende contre l'Agent de change pour toute contravention pure et simple même sans fraude, rebuisoient rigoureusement applicables outre les dommages-intérêts envers la partie lésée, puisqu'on ne peut pas même supposer la possibilité de l'existence d'un cas quelconque autre que celui dont il s'agit et qui puisse donner lieu à l'application de toutes les dispositions des art. 85 et 86 du code de commerce, sauf celui infiniment moins grave où l'Agent de Change n'aurait pas pris faussement la qualité de Banquier de jeu, pour commettre des escroqueries car alors encore la peine de destitution et la condamnation d'amende et de dommages-intérêts doivent être prononcées par le Tribunal de police correctionnelle, et l'Agent de Change ——— destitué ne peut être réintégré dans ses fonctions, ce qui prouve aussi qu'il ne peut pas être Banquier de jeux pour compte d'absent, la Loi l'ayant bien positivement exprimé.

Nous venons de voir que l'Agent de Change doit encourir les peines correctionnelles portées par les art. 87 et 88 du code de commerce, à raison du principe qui est consacré dans la jurisprudence criminelle et qui veut que tout officier ou fonctionnaire public qui fait des actes de commerce incompatibles avec ses fonctions soit jugé correctionnellement. Il nous reste à examiner comment les articles 174 . 175 . 147 . 150 . 405 et 408 du code pénal sont pareillement applicables à cet Agent de Change.

Indépendamment des réglements particuliers qui sont contenus dans les art. 85 et 86 du code de commerce sur les agents de Change, ces officiers publics restent soumis comme tous les autres Citoyens au droit criminel ordinaire en tout ce qui concerne d'autres faits qui rentrent dans le domaine de celui-ci ; tel est le cas à l'égard des qualités faussement prises par l'Agent de Change pour faire réputer son Mandant un joueur et lui-même un faux intermédiaire légal irresponsable.

Ces qualités faussement prises résultent 1°. d'un faux compte courant extrajudiciaire du 11e Mars 1833, dans lequel l'Agent de Change a reproduit ainsique nous eumes déja occasion de le dire, des opérations précédentes d'achats et de ventes de rentes sous la forme de jeux de Bourse; car auparavant ses comptes courants et toute sa correspondance, les avaient présentés comme des opérations réelles; tandisque dans ce nouveau compte courant il les présente comme des opérations fictives, en disant: payé pour le compte du Mandant en liquidation. Bénéfice sur sa liquidation, &ct. ce qui était déclarer que lui-même avait été un intermédiaire de jeu et que par conséquent son Mandant avait été un joueur.

Et secondement dans les conclusions de l'Agent de Change prises à l'audience du Tribunal de commerce de la Seine le 27e Novembre 1833 dans lesquelles il s'est dit un officier ministériel muni de pouvoirs illimités en matière d'opportunité, ce qui joint à la déclaration qui précède sous N°1 savoir que le Mandant avait été un joueur, était de la part du premier une prétention formelle d'avoir été un Banquier de jeux prohibés, un faux intermédiaire légal irresponsable dans des opérations à terme défendues.

On déduit de ces fausses qualités d'abord la conséquence que l'Agent de Change a opéré non comme chargé d'affaires et pour le compte de son Mandant, mais qu'il prétend l'avoir fait frauduleusement, ainsiqu'il le dit lui-même, contrairement à son mandat, pour son propre compte et à ses périls et risques comme simple particulier. Secondement qu'il a dénié toute responsabilité envers son Mandant quoiqu'il fut positivement et légalement responsable. Or c'était encore se rendre coupable de concussion que de faire payer une gestion et une garantie 100 fr. par chaque 3 mille au lieu de 50 fr. qu'on lui payait auparavant sans elles et de prétendre ensuite que l'une et l'autre étaient illusoires.

Ainsi puisque les articles 85 et 86 du code de Commerce n'ont pas prévu nominativement de tels faits, ceux-ci rentrent dans le droit criminel art: 174, 175 et 405 du code pénal;

Troisièmement le faux compte courant extrajudiciaire du 11 Mars 1833, étant une fabrication de déclarations ou de faits contraires aux conventions des parties et tendant à frustrer frauduleusement le Mandant, il est un nouveau délit de l'Agent de Change prévu par les art. 147 et 150 du même code.

Tel est encore le cas à l'égard des autres genres d'abus de confiance et d'escroqueries qui sont à la charge de l'Agent de Change.

1°. Il a transgressé frauduleusement son mandat par un prétendu rachat de rentes dont il n'a pu justifier et par un découvert considérable, le tout lorsqu'il n'avait aucun pouvoir de son commettant et contrairement à ses propres lettres. Car il écrivait à son Mandant à la date du 3e fév. 1833, pour lui donner l'espérance d'une baisse, lui faire accepter un découvert dont il n'était point passible et qui n'aurait pas du avoir lieu, se faire faire un envoi de remises sous le prétexte que l'opération serait conservée à son Mandant, mais dans le fond pour compromettre une partie de la fortune de celui-ci, ce qu'il a fait malgré qu'il eut connaissance que l'événement de baisse qu'il lui avait signalé était au moment, à la minute de se réaliser et sans attendre la réponse et les instructions qu'il lui avait demandées.

Enfin l'Agent de Change en a pris occasion de s'approprier les garanties qu'il avait en main, le montant des remises qui lui furent faites le 7e février 1833 et une valeur déposée en ses mains postérieurement pour être à la disposition de son Mandant, mais qu'il a déclaré faussement le 27e Novembre 1833 avoir reçu à compte de sa prétention. Or le tout a été de sa part une escroquerie et un abus de confiance aux termes des articles 405 et 408 du code pénal soit que l'on considère les voies par lesquelles il s'était fait remettre une partie de ces valeurs soit qu'on fasse attention aux moyens dont il s'est servi pour se les approprier, et ensuite pour faire déclarer son Mandant non recevable en sa demande reconventionnelle émise au Tribunal de Commerce de la Seine avec demande du renvoi en police correctionnelle; car on a vu par l'arrêt de la cour royale du 20e Janvier dernier que toutes ces fraudes ont été admises implicitement et ont été ainsi pleinement consommées. J'observe encore que si même cet arrêt de la cour royale porte qu'il n'a pas été justifié par le Mandant des valeurs mentionnées ci-dessous; il n'avait pu s'agir de faire cette justification; que le Mandant n'avait point été requis de la faire et que le moment n'était point venu où il devait s'en occuper. Ce n'était pas à la cour à en connaître et surtout pas sans une instruction préalable puisqu'il ne s'agissait plus d'un compte mais d'abus de confiance et d'escroqueries pour lesquelles l'Agent de Change était traduit en police correctionnelle. Au surplus la cour ayant déclaré qu'aucune des parties n'a point d'action contre l'autre, on en doit conclure que la justification dont il s'agit n'aurait pas été admise.

Nous ferons voir dans la suite les autres erreurs et contradictions étonnantes de cet arrêt.—

Mais dira-t-on qu'il n'y a point de fraude dans tous ces actes de l'Agent de Change; que jusqu'à présent le Banquier de Jeu a été reconnu implicitement par les cours royales et qu'il y a tout au plus erreur quant à l'espèce de mandat

Lith: Durier Pl.ce Dauphine 7.

et à son interprétation ; que l'erreur étant sujette à redressement, elle ne saurait entraîner des peines correctionnelles, et surtout pas des peines aussi nombreuses et aussi fortes comme celles de détention, de réclusion, d'interdiction et autres qui devront être appliquées à l'Agent de Change ; car nous n'avons cité qu'une partie des articles du code pénal qui le concernent.

Cette objection serait peut-être bien la seule qu'on puisse faire ; quoiqu'il vaudrait tout autant prétendre que ce n'est pas une fraude de jouer avec des cartes bizautées.

Il faut donc examiner d'abord jusqu'à quel point on serait fondé à admettre une telle reconnaissance ; ensuite il faudra savoir comment on l'aurait obtenue et si elle peut être légale.

1re Application 4e Livraison. 3e du sujet :

Application du système de la Bourse aux Clients des Agents de Change.

Suite de la 3e livraison : Première démonstration que le vrai Banquier de jeux défendus est tacitement reconnu dans la jurisprudence des arrêts des Cours royales et de Cassation ; et qu'on voudrait étendre cette reconnaissance au faux Banquier de tels jeux nonobstant qu'il y ait une demande de renvoi et plainte en police correctionnelle.

nous l'avons déjà dit , jusqu'en 89, le Banquier de Jeu, n'a pas été reconnu implicitement quoique toute la législation hormis l'arrêt du 7 Aout 1785 tendit fortement à lui procurer cette reconnaissance qui était le but secret de tout le système de la Bourse. Sous la République où tout le monde voulait exploiter la nation, une telle reconnaissance eut été impossible. Sous l'Empire le système d'administration et de finance usité, laissait si peu d'accès à l'agiotage qu'on ne vit aucun inconvénient à autoriser en quelque sorte positivement le Banquier de jeu par plusieurs arrêts dont les dates coïncident d'une façon remarquable avec les circonstances politiques qui pouvaient donner une influence momentanée aux Agents de Change et aux Banques auprès du gouvernement. Car l'on sait que ceux auxquels on est forcé de recourir pour des secours pécuniaires savent toujours en profiter. Dans le dernier de ces arrêts qui date de 1810 il est même dit qu'il n'existe aucune Loi en vigueur qui prohibe les marchés à terme. – Mais à une époque récente, dit Mollot page 235, ces spéculations s'étant renouvelées avec plus de fréquence , la

„question revint devant les Tribunaux ; elle y fut discutée de nouveau „et la cour de Paris, reformant sa première jurisprudence se fonda „sur les anciens arrêts du conseil et les dispositions postérieures „que nous venons de citer (a.) pour réputer jeux de Bourse et „annuler, comme tels, les opérations dites improprement marchés „à terme, faites sans dépot, et où il ne s'était agi que de simples „différences de cours. La cour de cassation ayant été saisie de „la question, s'est ensuite prononcée dans le même sens.

Suit l'arrêt rendu par la cour de cassation en Aout 1824. dans la cause entre Mr. Perdonnet Agent de Change et Mr. le Comte de Forbin-Janson auquel nous renvoyons le lecteur, — Voici un extrait de la relation des plaidoiries donnée par le Courrier français du 11 Aout 1824 :

„ Mr. Perdonnet a rappelé la première Jurisprudence de la Cour „royale et l'usage constant des marchés à terme consommés au vu et „au su du Gouvernement, souvent par son ordre, toujours avec son „approbation. Ce n'est pas seulement ma cause que je défends, „a-t-il dit, c'est aussi celle de l'intérêt général bien entendu, celle „de la morale publique, celle encore d'une compagnie qui peut „dire, avec quelqu'orgueil, qu'elle n'est pas étrangère au dévelop- „pement de notre crédit public. Il s'agit de savoir si les trans- „actions les plus nombreuses de cette compagnie peuvent être avouées „par elle, ou si ces transactions ne présentent qu'un trafic hon- „teux et prohibé ; il s'agit de savoir si la bienveillante protection „d'un gouvernement sage et éclairé fut accordée à des actes que la „Loi et la morale reprouvent, ou à des actes également licites aux

---

(a.) La Loi du 8 May 1791, la Loi du 28 Vendémiaire an IX, le code civil art: 1965, et l'ordonnance royale du 12e Novembre 1823. Mollot passe sous silence le code de Commerce et le code pénal qui sont tout aussi explicites sur ce point. —

yeux de la morale et de la Loi. Londres, Vienne, Berlin, Petersbourg,
„ Amsterdam, Francfort, je dirai plus, tous les états emprunteurs
„ dont une grande partie de la puissance repose sur le crédit, ont les
„ yeux fixés sur vous. Tous attendent de la cour suprême de France
„ la solution si longtems désirée de cette grande question.

„ Mr. le comte de Forbin-Janson a prononcé avec émotion
„ un discours dans lequel il a rappelé les offres d'arrangement
„ qu'il n'a cessé de faire à Mr. Perdonnet, le refus de ce dernier
„ qui a rejeté toutes ses propositions. Mr. de Forbin dit que même
„ après l'arrêt de la Cour qui lui a donné gain de cause il a
„ offert à Mr. Perdonnet de lui donner tout ce qu'il possédait et de
„ lui faire un billet d'honneur pour le reste, et que cette offre
„ qu'il réitère encore a été repoussée comme les autres. Il se
„ plaint de la dureté de son créancier qui, s'il gagnait son procès,
„ le forcerait à s'expatrier pour éviter la contrainte par corps.
„ Mr. le comte de Forbin-Janson déclare en terminant : que
„ l'arrêt de la Cour royale ayant incriminé sa moralité et que
„ la Cour de cassation n'ayant pas cru pouvoir le réformer
„ partiellement, il se propose de suivre la marche qu'elle lui a
„ indiqué en prenant à partie les Juges qui l'ont prononcé.

Ce langage si différent de l'Agent de Change et de sa partie adverse, tenu dans une occasion si solennelle, mérite la plus grande attention ; on voit que le premier défend la cause de sa compagnie et celle du gouvernement ; qu'il se fait un titre de ces motifs pour vouloir opprimer son client comme aurait pu le faire le créancier légitime le plus implacable. On voit que le second a les meilleures intentions et qu'il parle en homme qui ne peut faire sans motifs le sacrifice de sa liberté ; c'était comme s'il eut dit, „ le Banquier de Jeu non autorisé n'a
„ pas le droit de faire incriminer la moralité de son Mandant,
„ parcequ'il ne consent pas à passer ses jours en prison, mais ce

„ dernier lui offre tout ce qu'il peut offrir ! La prison n'est pas un moyen d'être payé du débiteur qui a bonne volonté ; c'est au contraire un moyen de ne pas l'être.

Lequel côté était le manque de moralité et le droit positif ! car en définitive on ne peut pas séparer l'un de l'autre ! la Cour de Cassation ainsi que les Cours royales 1re et 2e Chambres réunies en ont décidé autrement ; elles ont reconnu implicitement le Banquier de jeux de Bourse et elles ont improuvé cette sorte de jeu ; c'était une contradiction formelle. Mr de Forbin a défendu la cause de tous, et ne devait pas se soumettre à des prétentions aussi bizarres ; on a dit qu'il blessait l'intérêt général qu'il outrageait la morale publique ; un tems viendra où la chose sera jugée bien différemment. —

C'était donc uniquement dans un intérêt de corps et dans celui du crédit fictif qu'on s'acharnait contre Mr le Comte de Forbin, parcequ'il était un homme marquant et distingué, afin d'effrayer les Clients par un grand exemple ; aussi depuis ce moment on n'a pas cessé de leur appliquer à tout propos, ce déni de dette de jeu, mal interprété et forcé et dont le résultat fut un immense avantage accordé au système de la Bourse sous l'apparence d'un échec. On a tout lieu de croire que l'Agent de Change en a été largement dédommagé et récompensé ; on voit aussi comment la cour royale a bien voulu se laisser surprendre cet arrêt qui est du 9 Août 1823 ; le Parère dont on s'est servi pour l'obtenir portait sur une formule de marché licite et légale ; la formule sur laquelle il a dû être statué était frauduleuse et prohibée. Secondement les Avocats de Mr le Comte de Forbin n'ayant pas signalé une si grande méprise, il faut croire que leur silence à cet égard a été une conséquence nécessaire de la reconnaissance tacite dont il s'agit, — laquelle parait dès lors comme étant suffisamment établie et comme ne pou-

-vant plus être l'objet d'aucun doute. — D'ailleurs elle a remplacé une reconnaissance plus formelle en apparence, mais beaucoup moindre en réalité ; je veux dire la reconnaissance positive du Banquier de jeu ——— de l'an 1810, laquelle était sans contredit moins favorable au système de la Bourse, qu'une reconnaissance tacite du Banquier de jeux défendus ; on a donc voulu que celle-ci fut précédée par l'autre afin de faire un saut en avant, tout en paraissant reculer ; il fallait une occasion favorable ; elle était depuis longtems attendue, et ce qui le prouve c'est que le résultat a été si grandement tiré par les cheveux.

Depuis la révolution de Juillet on a senti qu'on pouvait donner la plus grande extension possible à la reconnaissance tacite du Banquier de jeux prohibés. On fit le projet de loi de Novembre 1832 qui reproduisait le principe consacré dans les arrêts de 1805 et 1810 de la jurisprudence sous l'Empire, tout en laissant subsister les prohibitions et le déshonneur du Client dans les marchés à terme, sauf que les défenses concernant les Agents de Change en particulier devenaient nulles par le fait, puisqu'en assimilant à l'égal de la lettre de Change les ordres souscrits en faveur des Agents de Change et ceux qu'on leur aurait fait souscrire, c'était leur permettre d'être des Banquiers de jeu pour compte d'absents ; ainsi on ne saurait douter que le but et l'effet de ce projet de loi n'aient été d'en rendre le dispositif expressément obligatoire comme <u>quasi légal</u> en attendant quelqu'occasion favorable pour lui procurer la sanction des pouvoirs législatifs ou celle des arrêts de la Jurisprudence.

Quoique l'examen de la question soit déjà fort avancé, nous reviendrons plus tard à cette fouille dans les annales du Droit ; — pour le présent je ferai voir en détail quelles sont les conséquences de cette reconnaissance dont il s'agit et comment on veut l'étendre au faux Banquier de jeux prohibés, nonobstant qu'une action soit formée contre lui au correctionnel.

Nous commençons par transcrire le rapport de l'arbitre instructeur du Tribunal de Commerce de la Seine; en substituant aux noms propres, les qualités d'Agent de Change et de Mandant. Cette pièce sera suivie des moyens qui furent développés dans nos plaidoiries des 18. Novembre. 2 Décembre 1834 et 13 Janvier 1835. (Mémoires N.os 7. 9 et 18 qui n'ont pas été imprimés). Voici cette pièce.

Rapport.

Affaire d'un Mandant contre un Agent de Change.

A Messieurs les Président et Juges composant le Tribunal de Commerce du Département de la Seine.

Messieurs.

Le deux May dernier vous avez rendu un jugement de défaut qui condamne par corps le Mandant, à payer à l'Agent de Change une somme de dix sept mille quarante trois francs soixantehuit centimes, formant le solde valeur au cinq Mars précédent, d'un compte courant relatif à des opérations de Bourse opposition régulière a été formée par le Mandant à ce Jugement, Et c'est sur cette opposition que les Parties ont été renvoyées par devant nous, pour les concilier si faire se pouvait, sinon donner notre avis sur la contestation.

Toutes nos Tentatives de conciliation ayant été infructueuses, nous allons rendre compte au Tribunal,

1°. des faits qui donnent lieu au procès actuel.

2° des questions dont ces faits nécessitent la solution.

Faits.

Il est reconnu que le seize Décembre mil huit cent trente un des conventions sont intervenues entre les Parties par suite desquelles l'agent de Change s'engageait à faire des opérations de Bourse (a) pour le Mandant à la charge par ce dernier.

1° de lui verser une couverture de cinq mille francs par chaque trois mille francs de rentes,

2° de payer un droit de cent francs par trois mille francs de rentes avec la garantie de l'Agent de Change.

3°. Et enfin d'autoriser d'avance ce dernier dans le cas où la garantie du Mandant serait absorbée par les différences provenant de ses Marchés, à les réaliser à moins qu'alors il ne fournit de nouveaux fonds pour service de garantie. Cette convention fut faite et acceptée par le Mandant à Paris. Il résulte aussi de ses Termes ainsi que de son esprit que les payemens pour couvertures devaient être faits à Paris, lieu du contrat.

Diverses opérations de Bourse intervinrent par suite de ces couvertures et paraissent avoir procuré au Mandant des Bénéfices, mais il est inutile de s'en occuper ici parcequ'elles n'ont donné lieu à aucune difficulté (b) et qu'elles ont été réglées entres les parties.

Cependant le Dix huit Janvier Mil huit cent Trente trois, le Mandant donna à l'Agent de Change ordre de vendre pour son compte jusqu'à vingt un mille francs de rentes trois pour cent, au taux de soixante quatorze à soixante quinze francs (b), puis il l'autorise et le prie de faire les rachats comme précédemment, c'est-à-dire lorsqu'il croira le moment convenable et comme il le ferait pour lui-même.

L'ordre de vente fut en effet exécuté les vingt deux et

vingt cinq Janvier, jours auxquels l'Agent de Change vendit à chacune de ces Bourses Dix mille cinq cents francs de rentes Trois pour cent, pour fin Février suivant, afin d'éviter à son Client les frais de report, dans le cas où l'opération ne pourrait être réalisée à la fin de Janvier. Le prix moyen de ces ventes était pour le vingt deux Janvier de Soixante quatorze francs vingt deux centimes et demi; et pour le 25 de Soixante quatorze francs Trente Centimes c'est-à-dire dans les limites de Soixante quatorze à Soixante quinze francs fixées par le Mandant, aussi sur l'avis qui lui en fut donné le jour même des opérations il les approuva complettement par sa réponse du 29e Janvier. Cette opération ne saurait donc faire aujourd'hui l'objet d'aucune critique autre que celle qui serait fondée sur l'erreur ou le dol. aussi ce n'est pas précisément sur ce point que roule la Difficulté, mais bien sur le rachat qui a eu lieu postérieurement.

En effet il fallut racheter la quantité de rentes qu'on avait vendue puisqu'on ne les possédait pas; mais le rachat qu'on espérait faire à un taux moins élevé que les ventes de Janvier, et sur lequel on croyait faire des Bénéfices, a trompé, comme cela arrive souvent, les prévisions et les calculs du Joueur. Il est arrivé qu'à partir des 22 et 25 Janvier, le taux des rentes s'est élevé dans une proportion toujours croissante, en sorte que le trois Février, elles ont atteint le chiffre de soixante dix huit francs soixante centimes pour finir à Soixante Dix huit francs quinze Centimes fin Février. Alors l'Agent de Change qui se trouvait à découvert vis-à-vis du Mandant par suite de ce mouvement inattendu, lui écrivit pour lui demander l'envoi immédiat de nouvelles remises s'il voulait conserver l'opération, et il ajouta qu'il serait bon qu'il fut fixé sur le taux auquel dans ce cas, il devrait racheter;

mais que dans son opinion il ne faudrait pas attendre les prix rendus, qui aujourd'hui se trouvent très bas. Cependant la rente augmentait encore d'une manière effrayante pour les spéculateurs à la Baisse (f°) C'est alors que l'Agent de Change qui se trouvait à découvert d'une somme considérable, crut devoir opérer le rachat des vingt-un mille francs de rentes vendues en Janvier. Il fit ce rachat au taux moyen de quatre vingt francs sept centimes et en donna immédiatement avis au Mandant, en lui réclamant une couverture d'environ vingt mille francs, pour sa liquidation de fin courant.

Le Mandant avait répondu le même jour sept Février à la lettre du trois réclamant des fonds; et il envoya deux remises d'ensemble treize cent quatre vingt huit francs quatre vingt cinq centimes (c) promettant d'en adresser d'autres avant la fin du Mois. Dans cette même lettre, il donna à son Mandataire toute latitude soit pour le rachat, soit pour les nouvelles rentes, priant l'Agent de Change de faire le tout comme il le ferait pour lui-même. Cette lettre s'est croisée avec celle de ce dernier annonçant les rachats faits le même jour (c²)

Mais dès qu'il eut reçu la lettre du sept, le Mandant répondit le onze en se plaignant de ce rachat qu'il regarde comme fait contrairement à ses ordres, et il déclare qu'il ne peut l'approuver qu'autant qu'une Baisse ne serait pas survenue depuis le sept, et qu'on pourrait revendre sans perte, et continuer sans péril l'opération. Mais qu'au cas contraire, il réclame la restitution des dernières remises et des fonds dont l'Agent de Change est son débiteur.

Celui-ci a répondu le 15; et il soutient que l'opération est conforme aux instructions qu'il avait reçues, et aux conventions précédentes; que d'ailleurs il a agi comme pour lui-même et conformément à ce qu'il croyait alors être l'intérêt du Client ; que du reste il consentait à soumettre la vérification de ce point à des arbitres ou au Tribunal de Commerce (d)

On correspondit encore, mais sans pouvoir s'entendre.

Alors le Mandant signifia à l'Agent de Change un acte extrajudiciaire par exploit du cinq Mars, de Libert, Huissier à Paris, par lequel il proteste contre l'opération du sept Février faite contrairement au Mandat et au mépris des ordres qu'il avait donnés, et il somme l'Agent de Change de lui rendre compte et de lui payer dans les vingt quatre heures les sommes dont il est son débiteur.

L'Agent de Change répondit le onze par exploit de Legrippe et signifia copie d'un compte courant par suite duquel le Mandant serait son débiteur d'une somme de dix sept mille quarante trois francs soixante huit centimes valeur au cinq Mars. —

Nouvelle protestation du Mandant à la date du 20 Avril, enfin assignation est donnée le 30 Avril par l'Agent de Change devant le Tribunal de Commerce en payement des dix sept mille quarante trois francs soixante huit centimes, c'est sur cette demande qu'est intervenu le jugement de défaut frappé d'opposition.

Il n'est pas inutile de rappeler ici qu'en même tems que le Mandant protestait contre le rachat du sept février, il portait plainte contre l'Agent de Change par devant la Chambre Syndicale des agents de Ch. cette Plainte a donné lieu à un rapport fait à la séance du quinze Avril mil huit cent Trente trois. Le rapporteur fait à la Chambre les observations suivantes sur l'opération du 7e Février.

« Vous apprecierez facilement la position de l'Agent de Change contre lequel il vous a été rendu Plainte, et vous ne pourrez entrevoir aucune espèce de culpabilité dans le rachat fait par lui à la Bourse du 7 Février et qui est devenu l'objet de sa discussion avec son Mandant — L'effervescence de la hausse

„était si grande à cette époque, et les cours tellement enlevés d'une „Bourse à l'autre que ce n'est qu'après s'être constitué à découvert de „vingt mille francs environ envers son client que l'Agent de Change „a pu limiter les chances de l'opération pour laquelle on prétend „aujourd'hui porter, <u>à la fois, atteinte à sa considération et à sa fortune!"</u>

Enfin Monsieur le rapporteur conclut à ce qu'il ne soit nullement donné suite à la Plainte portée contre l'Agent de Change, sauf aux parties à se soumettre à l'arbitrage de la Chambre syndicale, si elles le jugent convenable pour le règlement des intérêts pécuniaires. La Chambre accueillit ces conclusions, mais le Mandant refusa la proposition de prendre la Chambre pour arbitre. (e.)

Tel est l'exposé des faits qui ont précédé la discussion qui a eu lieu devant nous.

D'abord et avant toute défense sur le fond, le Mandant a soulevé une question d'incompétence.

Puis il n'a voulu défendre au fond qu'en faisant toutes ses réserves et en protestant de tous ses droits et moyens sur la compétence, Protestations et réserves dont il est juste de lui donner acte et qui seront au reste renouvellées à l'Audience.

Abordant le fond, il a protesté contre le rachat du 7 Février et prétendu que bien loin que l'Agent de Change fut son créancier des dix sept mille quarante trois francs soixante huit centimes qu'il réclame, il était au contraire son débiteur d'une somme considérable dont il était impossible de fixer en ce moment le chiffre, puisque le dommage était toujours croissant et ne s'arrêterait que lorsque l'Agent de Change le reconstituerait vendeur, au lieu de le considérer comme acheteur: à cet égard le Mandant s'en est référé à ses Protestations et sommations signifiées les 5 Mars et 20 Avril soutenant qu'il lui est impossible de préciser le chiffre, ni de calculer exactement le montant de sa demande reconventionelle qu'il se réserve au surplus de formuler ultérieurement et dès que le chiffre en sera liquidé. (f.)

Point de droit.

Le Tribunal de Commerce de Paris est il compétent pour connaître de la contestation existant entre les parties ?

Dans le cas de l'affirmative l'Agent de Change a-t-il agi dans les termes de son mandat en faisant le rachat du 7e Février ? f2

En ce cas, son action en payement de dix sept mille quarante trois francs soixante huit centimes est elle fondée ?

Telles sont les trois questions du Procès que nous allons examiner successivement. (g.1)

Discussion.

(La première question (celle de la compétence) est ici supprimée puisqu'elle a été abandonnée sauf la demande du renvoi en police correctionnelle dont le rapport ne parle pas.)

Au fond le Mandant prétend;

1° que loin d'être débiteur de l'Agent de Change, il est au contraire son créancier de sommes considérables, et que ce dernier n'était pas autorisé à faire le rachat du 7 Février, circonstance dans laquelle il a excédé les limites de son Mandat;

2°. il a en outre soutenu soit dans des notes soit verbalement devant nous que ce rachat n'avait rien de sérieux, que c'était une opération fictive de la part de son Mandataire, qui aurait été en même tems vendeur pour son compte et acheteur pour le Mandant. (g.2)

Nous allons examiner ces deux prétentions.

Et d'abord l'Agent de Change a-t-il excédé les limites de son Mandat ?

Nous avons dit dans quelles circonstances le Rachat avait été opéré; à cette époque l'Agent de Change se trouvait à découvert de près de vingt mille francs, et cependant d'après les conventions de Décembre, mil huit cent trente un, il devait recevoir d'avance une couverture pour ses opérations, et il était autorisé à réaliser, dans le cas où les différences provenant des marchés absorberaient les garanties à lui données d'avance.

Il est vrai que cette convention ajoute ; à moins qu'alors on ne lui fournit de nouveaux fonds pour servir de garantie. Et le Mandant prétend que cette restriction devait s'entendre en ce sens qu'on ne pourrait réaliser qu'après l'avoir prévenu et l'avoir mis en demeure de fournir de nouvelles couvertures, que cela est si vrai, que l'Agent de Change lui-même l'entendait ainsi puisque par sa Lettre du 3e Février, il lui réclamait ces couvertures, en lui demandant l'autorisation d'acheter à des prix inférieurs à la première vente. On aurait dû attendre sa réponse par laquelle il envoie des valeurs, et donne toute latitude pour l'achat. Il ajoute qu'il eut été illusoire d'écrire le 3, pour ensuite acheter le 7, à une époque où il était impossible que la réponse fut arrivée. Qu'ainsi cet achat du 7 a été fait en dehors des conventions, et même contre l'intérêt matériel du client, car l'Agent de Change devait prévoir qu'une Baisse ne manquerait pas d'arriver, puisqu'il l'annonçait lui même dans sa Lettre (&c.)

L'Agent de Change répond, d'abord que ce n'est pas comme veut l'entendre le Mandant qu'il faut interpréter la clause modificative *à moins que* &ct. qu'en effet il suffit de considérer que les parties étaient éloignées de plus de 100 lieues l'une de l'autre ; pour se convaincre qu'il eut été illusoire de stipuler qu'il aurait des couvertures, si on ne lui avait pas permis de réaliser dès que ces couvertures seraient épuisées : car pendant l'intervalle qui se serait écoulé entre sa demande de valeurs et la réponse, le cours aurait pu varier d'une manière prodigieuse

Et ces couvertures seraient toujours arrivées trop tard, et à une époque où il aurait été à découvert de sommes considérables avec son client, risque que précisément il n'a pas voulu courir, et en vue duquel les conventions ont été faites.

Il est bien vrai qu'en écrivant la lettre du 3 Février, il ne songeait pas encore à réaliser, et se bornait à demander des valeurs; mais cette Lettre non seulement ne peut fournir aucun argument contre lui, mais elle prouve au contraire tout l'intérêt qu'il portait aux opérations de son Mandant, puisqu'il conseillait de conserver l'opération et d'attendre qu'une baisse se présentât, mais depuis cette Lettre, la hausse loin de cesser, comme on l'espérait, s'était encore accrue considérablement, sans qu'on put assigner un terme à cette progression croissante. C'est alors qu'effrayé, pour son Client et pour lui-même, d'une pareille situation, il fit ce que le Mandant l'avait autorisé à faire, dans plusieurs de ses Lettres précédentes, il opéra comme s'il se fut agi de ses propres intérêts, et sans attendre une réponse à sa Lettre du 3, réponse qui serait arrivée trop tard. (i.)

Ayant à nous prononcer entre ces deux prétentions contradictoires, nous avons du examiner très attentivement et peser toutes les circonstances dans lesquelles a été opéré le rachat du 7e Février, et nous n'hésitons pas a déclarer qu'il nous parait avoir été fait régulièrement dans les limites et dans l'esprit des pouvoirs donnés. (K.)

D'abord il résulte des termes et de l'Esprit de la convention de Décembre 1831 que l'Agent de Change devait être couvert d'avance des Risques provenant des opérations auxquelles il allait se livrer et qu'il pourrait réaliser dès que les garanties à lui fournies seraient absorbées, sans avoir besoin pour cela de mettre son correspondant en demeure, de lui –

www.ingramcontent.com/pod-product-compliance
Ingram Content Group UK Ltd.
Pitfield, Milton Keynes, MK11 3LW, UK
UKHW022121190726
13855UKWH00003B/994